KALLISTOS WARE
EMMANUEL JUNGCLAUSSEN

HINFÜHRUNG
ZUM
HERZENSGEBET

HERDER
Freiburg · Basel · Wien

Titel der englischen Originalausgabe des Teils von
K. Ware:
The Power of the Name
The Jesus Prayer in Orthodox Spirituality
SLG Press, Convent of the Incarnation, Fairacres, Oxford

Übersetzung ins Deutsche: Martin Wittmann

ZWEITE AUFLAGE

Umschlagbild: Verklärung Christi, Ausschnitt
(Schule von Nowgorod, 15. Jh.)

Alle Rechte der deutschen Ausgabe vorbehalten
Printed in Germany
© Verlag Herder Freiburg im Breisgau 1982
Imprimatur.
Freiburg im Breisgau, den 13. September 1982
Der Generalvikar: Dr. Schlund
Herstellung: Freiburger Graphische Betriebe 1984
ISBN 3-451-19671-9

Mein Arzt ist Jesus Christus,
meine Speise ist Jesus Christus,
meine Leidenschaft ist Jesus Christus.

Zeitgenössischer koptischer Mönch

Vorwort

Im Spätsommer des Jahres 1981 durfte ich auf
Einladung von Freunden einige Wochen auf
der Insel Patmos weilen. Anfang September
kam es im Kloster des hl. Johannes des Theologen zu einer Begegnung mit Bischof Kallistos Ware, der als Mönch zu diesem Kloster
gehört und zu jener Zeit noch Archimandrit
war. Damals reifte der Plan, seine kleine
Schrift über das Jesus-Gebet „Die Macht des
Namens" auch deutschsprachigen Lesern zugänglich zu machen. In ihrer ungemein dich-
ten und zugleich einfachen Art der Darstellung schien sie wie geschaffen, um – mit einigen ergänzenden Bemerkungen – für den
heutigen Menschen so etwas wie ein kleiner

„geistlicher Führer zum Jesus-Gebet" zu werden. Als solcher möchte dieses Buch der verborgenen „Ökumene des Herzensgebetes" dienen, in der Christen etwas von einer zutiefst vorgegebenen Einheit der Kirche erfahren. Diese Erfahrung bildet ja die Voraussetzung für alle Bemühungen um die sichtbare Einigung der Christenheit.

Dem hochwürdigsten Herrn Bischof Kallistos Ware, dem Übersetzer fr. Martin Wittmann, Frau Irene Hoening und allen am Zustandekommen dieses Büchleins Beteiligten – nicht zuletzt den oben erwähnten Freunden – sei hier herzlich gedankt.

Niederaltaich, am Fest Christi Verklärung 1982

Emmanuel Jungclaussen

Inhalt

Erster Teil

Die Macht des Namens.
Das Jesus-Gebet
in der orthodoxen Spiritualität

Von Kallistos Ware

Inhalt

Zweiter Teil

Das Jesus-Gebet
in der geistigen Situation unserer Zeit

Von Emmanuel Jungclaussen

ERSTER TEIL

Die Macht des Namens.
Das Jesus-Gebet
in der orthodoxen Spiritualität

VON KALLISTOS WARE

1. Gebet und Schweigen

„Wenn du betest", hat ein orthodoxer Schriftsteller aus Finnland richtig bemerkt, „mußt du selbst ruhig sein ... Du selbst mußt ruhig sein; laß das Gebet sprechen."[1]

Ganz im Schweigen sein: das ist das Schwerste von allem und das Entscheidende in der Kunst des Betens. Schweigen ist nicht nur etwas Negatives – eine Pause zwischen Worten, eine zeitweise Unterbrechung des Redens, sondern ist, recht verstanden, etwas äußerst Positives: eine Haltung aufmerksamer Bereitschaft, Wachsamkeit und vor allem des Hinhörens. Der Hesychast, derjenige, dem es gelungen ist, die „hesychia", das inwendige Stillsein oder Schweigen zu erlangen, ist einfachhin jemand, der hört. Er lauscht der Stimme des Gebetes in seinem eigenen Herzen und erkennt, daß diese Stimme nicht seine eigene ist, sondern die eines anderen, der in ihm spricht.

Die Verbindung zwischen Beten und

Schweigen wird sich deutlicher zeigen, wenn
wir vier kurze Definitionen bedenken.

Die erste ist dem „Concise Oxford Dictio-
nary" entnommen; sie beschreibt das Gebet als
„feierliches Flehen zu Gott ... Gebetsformeln,
die man beim Gebet benützt". Das Gebet stellt
man sich hier als etwas vor, das in Worten
ausgedrückt wird, genauer: als einen Akt, in
dem man Gott bittet, er möge uns diese oder
jene Gunst gewähren. Wir befinden uns hier
noch auf der Ebene eines eher äußeren als inneren Betens. Wenige von uns können sich mit
so einer Definition zufrieden geben.

Unsere zweite Definition stammt von einem
russischen Starez des vorigen Jahrhunderts
und ist weit weniger äußerlich. „Die Grundlage
des Gebetes", sagt Bischof Theophan der
Klausner (1815–1894), „ist: vor Gott zu stehen
mit dem Geist im Herzen und immerfort, Tag
und Nacht, ununterbrochen, ihm gegenüber-
zustehen bis zum Lebensende."[2] Diese Definition des Gebetes beinhaltet nicht mehr ledig-
lich ein Bitten um Dinge, und solches Beten
kann tatsächlich geschehen, ohne daß dabei
ein einziges Wort gebraucht wird. Es ist nicht
so sehr eine augenblickliche Tätigkeit als ein

fortwährender Zustand. Beten ist „Stehen vor Gott", Eintreten in eine unmittelbare und persönliche Verbundenheit mit ihm. Dabei nehmen wir wahr – in jeder Schicht unseres Wesens, von der instinktiven bis zur intellektuellen, vom Unterbewußten bis zum Überbewußtsein –, daß wir in Gott sind und er in uns ist.

Um unsere Vertrautheit mit anderen Menschen zu bestärken und zu vertiefen, ist es nicht nötig, ständig Forderungen zu stellen oder Worte zu gebrauchen; je mehr wir einander kennen und lieben, desto weniger sind wir darauf angewiesen, unser gegenseitiges Empfinden in Worten auszudrücken. Ebenso ist es mit unserer persönlichen Beziehung zu Gott. Bei diesen ersten beiden Definitionen liegt die Betonung primär auf dem Handeln des Menschen und nicht auf dem, was von Gott her geschieht. Aber in der persönlichen Vertrautheit des Gebetes ist es der göttliche Partner und nicht der menschliche, der die Initiative ergreift und dessen Handeln die Grundlage bildet. Dies wird in unserer dritten Definition deutlich, die vom hl. Gregor vom Sinai († 1346) stammt. In einem sorgfältig ausgearbeiteten

Abschnitt, in dem er bei dem Bemühen, die wahre Wirklichkeit inneren Betens zu beschreiben, eine erläuternde Ergänzung auf die andere häuft, endet er plötzlich ganz einfach und unerwartet: „Warum so lange reden? Beten ist Gott, der alles in allen wirkt."[3] Beten ist Gott – es ist nicht etwas, das von mir ausgeht, sondern etwas, an dem ich teilhabe; es ist nicht in erster Linie etwas, das ich tue, sondern es ist Gott, der in mir handelt. Der hl. Paulus sagt: „Nicht ich lebe, sondern Christus lebt in mir" (Gal 2,20).

Der Weg des inneren Gebetes ist in den Worten Johannes' des Täufers über den Messias genau aufgezeigt: „Jener muß wachsen, ich aber muß abnehmen" (Joh 3,30). In diesem Sinn bedeutet beten eben „still sein". „Du selbst mußt still sein; laß das Gebet sprechen" – genauer: „laß Gott sprechen". Wahres inneres Beten bedeutet: aufhören mit dem Reden und hören auf die wortlose Stimme Gottes in unserem Herzen; es bedeutet: damit aufzuhören, die Dinge aus uns selbst zu tun. Es bedeutet: einzutreten in das Handeln Gottes. Am Anfang der byzantinischen Liturgie, wenn die einleitenden Vorbereitungen abgeschlossen

sind und alles für den Beginn der eigentlichen
Eucharistiefeier bereit ist, tritt der Diakon zum
Priester hin und sagt: „Es ist Zeit für das
Handeln des Herrn."[4] Genau das ist die Haltung des Gläubigen, nicht nur bei der eucharistischen Liturgie, sondern bei jeglichem Gebet,
sei es öffentlich oder privat.

Unsere vierte Definition, die noch einmal
dem hl. Gregor vom Sinai entnommen ist, bestimmt dieses Handeln des Herrn in uns näher: „Beten", sagt er, „ist die Offenbarung der
Taufe." Das Handeln des Herrn ist natürlich
nicht nur auf den Getauften beschränkt; Gott
ist in allen Menschen gegenwärtig und am
Werk auf Grund der Tatsache, daß jeder nach
seinem göttlichen Bild und Gleichnis geschaffen ist. Aber dieses Bild wurde durch den Sün-
denfall des Menschen verdunkelt und getrübt,
wenn auch nicht völlig ausgelöscht. Durch das
Sakrament der Taufe ist es zu seiner ersten
Schönheit und Herrlichkeit erneuert worden:
In diesem Sakrament kamen Christus und der
Heilige Geist, um Wohnung zu nehmen „in der
innersten und verborgenen Kammer des Herzens", wie die Väter sagen. Für die überwie-
gende Mehrzahl jedoch ist die Taufe etwas,

das sie in ihrer Kindheit empfangen und woran sie keine bewußte Erinnerung haben. Obwohl der „ein-getaufte" Christus und der innewohnende Paraklet nicht einen Augenblick aufhören, in uns zu wirken, sind sich die meisten von uns nur in seltenen Augenblicken dieser inwendigen Gegenwart und Aktivität bewußt. Wahres Beten bedeutet dann das Wiederentdecken und Offenbarwerden dieser Taufgnade. Beten ist der Übergang von dem Zustand, bei dem die Gnade in unseren Herzen verborgen und unbewußt gegenwärtig ist, zu dem Punkt völliger innerer Erkenntnis und bewußten Gewahrwerdens, wobei wir das Wirken des Heiligen Geistes direkt und unmittelbar erfahren und spüren. In den Worten des hl. Kallistos und des hl. Ignatios Xanthopoulos (14. Jh.): „Das Ziel christlichen Lebens ist es, umzukehren zur vollendeten Gnade des heiligen und lebenspendenden Geistes, die uns am Anfang in der göttlichen Taufe verliehen wurde."[5]

„An meinem Anfang steht mein Ende." (T. S. Eliot) Der Sinn des Gebetes kann in dem Satz zusammengefaßt werden: „Werde, was du bist." Werden, bewußt und aktiv, was du dem

Vermögen nach und auf verborgene Weise
schon bist, auf Grund deiner Erschaffung nach
dem Bilde Gottes und deiner Wiedererschaf-
fung in der Taufe. Werde, was du bist: genauer: Kehre um zu dir selbst; entdecke ihn,
der dir schon gehört; höre auf ihn, der nicht
davon abläßt, in dir zu sprechen; besitze ihn,
der dich schon jetzt besitzt. Das ist Gottes Bot-
schaft für jeden, der beten will: „Du würdest
mich nicht suchen, wenn du mich nicht schon
gefunden hättest."

Aber wie sollen wir beginnen? Wie können
wir lernen, mit dem Reden aufzuhören und an-
zufangen mit dem Hinhören? Wie können wir,
anstatt einfach Gott anzusprechen, uns jenes
Beten zu eigen machen, in dem Gott zu uns
spricht?

Wie sollen wir von einem Gebet, das sich in
Worten ausdrückt, übergehen zu einem Gebet
der Stille; vom „angestrengten" Gebet zum
„selbsttätigen" Gebet (um die Terminologie von
Bischof Theophan zu gebrauchen); von „meinem" Gebet zum Gebet des „Christus in mir"?

Ein Weg, sich auf diese Reise nach innen zu
begeben, besteht in der Anrufung des Namens.

2. „Herr Jesus ..."

Es ist natürlich nicht der einzige Weg.

Es gibt keine echte Beziehung zwischen Personen ohne beiderseitige Freiheit und Spontaneität. Dies gilt ganz besonders für das innere Gebet. Es gibt keine festgelegten und unveränderlichen Regeln, die allen auferlegt werden müßten, die nach dem Gebet suchen. Und ebensowenig gibt es ein mechanisches Verfahren physischer oder geistiger Art, das Gott dazu zwingen könnte, seine Gegenwart zu offenbaren. Seine Gnade wird immer als ein freies Geschenk gewährt und kann nicht automatisch durch irgendwelche Methode oder Technik erworben werden. Deshalb vollzieht sich die Begegnung zwischen Gott und Mensch im Königreich des Herzens auf vielfältige Art und Weise. Es gibt geistliche Meister in der orthodoxen Kirche, die wenig oder gar nicht über das Jesus-Gebet sprechen[6].

Wenn es sich also auch keiner Monopolstel-

2. „Herr Jesus ..."

lung im Bereich des inneren Betens erfreut, so
ist das Jesus-Gebet doch für zahllose östliche
Christen im Lauf der Jahrhunderte zum
Hauptweg, zur königlichen Straße geworden.
Und nicht nur für östliche Christen[7].

In der Begegnung zwischen der Orthodoxie
und dem Westen, die sich während der letzten
sechzig Jahre vollzog, hat vermutlich kein Element des orthodoxen Erbes ein so intensives
Interesse erfahren wie das Jesus-Gebet, und
kein Buch hat einen größeren Anklang gefunden als die „Aufrichtigen Erzählungen eines
russischen Pilgers". Dieses rätselhafte Werk,
im vorrevolutionären Rußland anscheinend
unbekannt, hatte einen überraschenden Erfolg
in der nicht-orthodoxen Welt und ist seit den
zwanziger Jahren in einer großen Anzahl von
Sprachen erschienen[8]. Die Leser von J. D. Salinger werden sich entsinnen, welchen Eindruck dieses „grasgrüne leinengebundene
Buch" auf Franny gemacht hat.

Worin, so fragen wir, liegen der besondere
Anreiz und die Wirksamkeit des Jesus-Gebe-
tes? Vielleicht zunächst in folgenden vier
Merkmalen: erstens in seiner Einfachheit und
Vielseitigkeit; zweitens in seiner „Vollständig-

keit"; drittens in der Macht des Namens; viertens in der geistlichen Übung anhaltender Wiederholung. Erwägen wir diese Punkte der Reihe nach.

3. Einfach und vielgestaltig

Die Anrufung des Namens ist ein sehr einfaches Gebet, das jedem Christen zugänglich ist; dennoch führt es gleichzeitig zu den tiefsten Geheimnissen der Kontemplation. Jeder, der sich vornimmt, längere Zeit des Tages das Jesus-Gebet zu sprechen, und vor allem jeder, der beabsichtigt, die Atemkontrolle und andere körperliche Übungen in Verbindung mit dem Gebet anzuwenden, braucht unbedingt einen Starez, einen erfahrenen geistlichen Führer. Es gibt nur sehr wenige solcher Führer in unseren Tagen. Aber auch diejenigen, die keinen persönlichen Kontakt mit einem Starez haben, können das Gebet unbesorgt üben, jedoch nur für begrenzte Zeitabschnitte – anfänglich nicht mehr als zehn oder fünfzehn Minuten auf einmal – und solange sie keinen Versuch unternehmen, in die natürlichen Rhythmen des Körpers einzugreifen!

Man braucht keine spezielle Kenntnis oder

Einübung, um mit dem Jesus-Gebet zu beginnen. Für den Anfänger genügt es, wenn man ihm sagt: „Fang einfach an! Um gehen zu lernen, muß man einen ersten Schritt machen. Um schwimmen zu lernen, muß man sich ins Wasser stürzen. Mit der Anrufung des Namens ist es das gleiche. Fange an, ihn mit Anbetung und Liebe auszusprechen. Halte dich daran fest! Wiederhole ihn mehrmals! Denk nicht daran, daß du jetzt gerade seinen Namen anrufst: denke an Jesus selbst! Bete seinen Namen langsam, sanft und ruhig!"[9]

Die äußere Formel des Gebetes ist schnell erlernt. Ihr Grundbestandteil sind die Worte: „Herr Jesus Christus, Sohn Gottes, erbarme dich meiner!" Es gibt jedoch keine streng einheitliche Form. Die Formel kann auch gekürzt werden; wir können sagen: „Herr Jesus Christus, erbarme dich meiner!" oder „Herr Jesus!" oder sogar nur „Jesus!", obwohl diese letzte Form weniger gebräuchlich ist. Andererseits kann man die Formel erweitern, indem man hinzufügt: „... über mich Sünder!"; damit unterstreicht man den Aspekt der Reue.

Zuweilen wird das Gedächtnis der Mutter Gottes oder der Heiligen eingefügt. Das einzig wesentliche und unveränderliche Element des Gebetes besteht in dem göttlichen Namen „Jesus", den man mit hineinnimmt. Es ist jedem Beter freigestellt, durch persönliche Übung die bestimmte Form zu finden, die seinen Bedürfnissen am ehesten entspricht. Die genaue Formel, die man verwendet, kann wohl von Zeit zu Zeit verändert werden; doch sollte dies nicht zu oft geschehen, denn, wie der hl. Gregor vom Sinai warnt, „Zweige, die oft umgesetzt werden, treiben keine Wurzeln"[10].

Ähnliche Vielfalt besteht hinsichtlich der äußeren Umstände, unter denen das Gebet gesprochen wird.

Man kann zwei Weisen unterscheiden, wie das Gebet angewandt wird: die „freie" und die „formelle" Weise. Mit dem freien Gebrauch ist gemeint, daß man das Gebet im Laufe des Tages spricht, während man mit gewohnten Tätigkeiten beschäftigt ist. Man kann es einmal oder mehrmals in solchen über den Tag verstreuten Augenblicken sprechen, die sonst, vom Geistlichen her, brachliegen würden: z. B. wenn man mit einer vertrauten und halbautomatischen Tätigkeit beschäftigt ist, etwa beim Anziehen, beim Abspülen, beim Strümpfestop-

fen oder beim Graben im Garten; wenn man
geht oder fährt, beim Warten am Bus oder bei
einem Stau im Straßenverkehr, in einem ruhi-
gen Augenblick vor einem besonders unange-
nehmen oder schwierigen Gespräch; wenn
man nicht schlafen kann oder bevor man beim
Aufwachen das volle Bewußtsein erlangt hat.
Der ganz eigene Wert des Jesus-Gebetes liegt
gerade darin, daß es, weil es von Grund auf
einfach ist, in Situationen der Zerstreutheit ge-
betet werden kann, wenn kompliziertere For-
men des Gebetes unmöglich geworden sind.
Besonders hilfreich ist es in Situationen starker Anspannung und großer Bedrängnis.

Dieser „freie" Gebrauch des Jesus-Gebetes
befähigt uns, die Kluft zwischen unseren er-
klärten Gebetszeiten – im Gottesdienst oder allein im eigenen Zimmer – und den normalen
Tätigkeiten des Alltags zu überbrücken. „Betet
ohne Unterlaß", mahnt der hl. Paulus. Aber
wie ist das möglich, wenn wir noch vieles andere tun müssen? Bischof Theophan weist uns
in seinem Leitwort den richtigen Weg: „die
Hände an der Arbeit, den Geist und das Herz
bei Gott"[11]. Das Jesus-Gebet hilft uns, da es
durch ständige Wiederholung beinahe zur un-

bewußten Gewohnheit wird, ständig in der Gegenwart Gottes zu leben, wo immer wir sind – nicht nur im Gotteshaus oder in der Einsamkeit, sondern auch in der Küche, in der Fabrikhalle oder im Büro. So werden wir Bruder Lorenz ähnlich, „der während seiner alltäglichen Geschäfte stärker mit Gott vereint war als während seiner religiösen Übungen". „Es ist ein großer Irrtum", sagt er, „wenn man meint, daß es einen Unterschied geben muß zwischen der Zeit des Gebetes und der übrigen Zeit, denn wir sind dazu bestimmt, während der Arbeitszeit mit Gott eins zu sein durch die Arbeit und während der Gebetszeit mit ihm eins zu sein durch das Gebet"[12].

Dieses „freie" Sprechen des Jesus-Gebetes wird ergänzt und gefördert durch die formelle Übung. Bei dieser ist unsere ganze Aufmerksamkeit nur darauf gerichtet, das Gebet zu sprechen. Gleichzeitig verzichten wir auf alle äußere Aktivität. Auch hier herrschen keine strengen Regeln; es bestehen große Offenheit und vielfältige Möglichkeiten. So ist es unwesentlich, welche Körperhaltung man einnimmt. In der orthodoxen Praxis ist es üblich, das Gebet im Sitzen zu sprechen, es kann aber

auch im Stehen oder Knien und, im Fall körper-
licher Schwäche und physischer Erschöpfung,
sogar im Liegen gesprochen werden. Normalerweise betet man in völliger Dunkelheit oder
mit geschlossenen Augen, jedoch nicht vor
einer Ikone, die von Kerzenlicht oder einer Vo-
tivlampe erleuchtet wird. Wenn er betete,
pflegte Starez Siluan vom Berg Athos
(1866–1938) seine Wanduhr im Schrank zu
verstauen, um sie nicht ticken zu hören, und
dann zog er seine dicke wollene Mönchska-
puze über Ohren und Augen.

Im Dunkeln wird man jedoch leicht schläf-
rig. Wenn man während des Gebetes sitzt oder
kniet und dann müde wird, sollte man für einige Augenblicke aufstehen, nach jedem Gebet
ein Kreuzzeichen machen, wobei sich eine
tiefe Verneigung mit dem Oberkörper an-
schließt und man mit den Fingern der rechten
Hand den Boden berührt. Man kann sich auch
jedesmal ganz zu Boden werfen und mit der
Stirn den Boden berühren.

Falls das Gebet im Sitzen gesprochen wird,
sollte man dafür sorgen, daß der Stuhl nicht
allzu bequem ist; er sollte möglichst keine
Arm- oder Rückenlehne haben. Man kann

auch im Stehen mit kreuzförmig ausgebreite-
ten Armen beten.

Oft verwendet man in Verbindung mit dem
Gebet eine Gebetsschnur (komvoschoinion,
tschotki), die normalerweise aus hundert Kno-
ten besteht. Dies geschieht nicht, um die wie-
derholten Gebete zu zählen, sondern vor allem
als Hilfe zur Konzentration und um einen
gleichmäßigen Rhythmus zu finden.

Es ist nicht zu empfehlen, daß man bestimmte Mengen bemißt, weder anhand einer
Gebetsschnur noch mit Hilfe anderer Verfahren. Es stimmt zwar, daß der Starez im ersten
Teil der „Aufrichtigen Erzählungen eines russischen Pilgers" großen Wert auf die exakte
Anzahl der täglich zu wiederholenden Gebete
legt: zunächst sind es 3000, später 6000 und
schließlich 12000. Dem Pilger wird befohlen,
eine bestimmte Anzahl von Gebeten zu sprechen, nicht mehr und nicht weniger. Eine solche Betonung der Quantität ist allerdings ungewöhnlich. Möglicherweise kommt es hier
gar nicht auf die reine Quantität an, sondern
auf die innere Haltung des Pilgers: Der Starez
möchte den Gehorsam prüfen und sehen, ob
der Pilger bereit ist, eine angegebene Regel

ohne Abweichung zu befolgen. Typisch ist
eher der Rat von Bischof Theophan: „Mache
dir keine Gedanken darüber, wie oft du das Gebet sprichst! Es soll dies dein einziges Anlie-
gen sein: daß das Gebet mit belebender Kraft
deinem Herzen entspringt, wie aus einer
Quelle lebendigen Wassers. Verjage alle Gedanken an ein bestimmtes Pensum aus deinem
Sinn!"[13]

Zuweilen wird das Gebet gemeinsam in
einer Gruppe gesprochen, meist jedoch allein.
Die Worte können laut gesprochen werden
oder schweigend und innerlich. Die orthodoxe
Praxis sieht so aus, daß man eher spricht als
singt, wenn man laut betet. Es sollte auf keinen Fall ein erzwungenes oder angestrengtes
Beten sein. Die Worte sollten nicht mit über-
schwenglicher Betonung gesprochen werden
und ohne innere Heftigkeit. Vielmehr sollte
man dem Gebet ermöglichen, seinen eigenen
Rhythmus und Schwerpunkt zu finden. Das
Gebet wird dann, aufgrund der ihm eigenen
Melodie, zur rechten Zeit in uns zum Gesang
werden. Starez Parthenij von Kiew verglich die
fließende Bewegung des Gebetes mit einem
sanft dahinströmenden Fluß[14].

Aus alldem läßt sich ersehen, daß die Anrufung des Namens ein Gebet für jede Gelegenheit ist. Jedermann kann es für sich in Anspruch nehmen; an jedem Ort und zu jeder Zeit. Es ist für den „Anfänger" ebenso geeignet wie für den Fortgeschrittenen. Es kann in Gemeinschaft mit anderen oder allein dargebracht werden; dieses Gebet ist gleichermaßen am rechten Ort in der Wüste wie in einer Stadt, in einer Umgebung gesammelten Schweigens wie im größten Lärm und in starker Unruhe. Es ist nie fehl am Platz.

4. Fülle des Glaubens

Von seiner Theologie her, worauf sich der Pilger zu Recht beruft, „enthält das Jesus-Gebet die ganze Wahrheit des Evangeliums"; es ist eine „Zusammenfassung des ganzen Evangeliums"[15]. In einer kurzen Aussage umschließt es die beiden zentralen Geheimnisse des christlichen Glaubens: die Inkarnation und die Trinität. Zunächst spricht es von den beiden Naturen Christi, des Gott-Menschen: von seiner Menschennatur, für die er mit dem menschlichen Namen „Jesus" benannt wird, den ihm seine Mutter Maria bei seiner Geburt in Bethlehem gab; sodann von seiner ewigen Gottheit, für die er durch die Anrufung „Herr" und „Sohn Gottes" geehrt wird. An zweiter Stelle spricht das Gebet – wenn auch nicht ausdrücklich, so doch einschlußweise – von den drei Personen der Trinität. Es ist an die zweite Person gerichtet, an Jesus, doch weist es auch auf den Vater hin, denn Jesus wird ja als „Sohn Gottes" angerufen, und auch der

Heilige Geist ist in diesem Gebet anwesend,
denn „niemand kann sagen ‚Herr ist Jesus'
außer im Heiligen Geist" (1 Kor 12,3). So erweist sich das Jesus-Gebet als sowohl christo-
zentrisch wie auch trinitarisch.

Für die praktische Frömmigkeit ist das Jesus-Gebet nicht weniger ergiebig. Es umfaßt
die zwei zentralen Momente christlicher Frömmigkeit: das Moment der Anbetung, wenn wir
aufschauen zu Gottes Herrlichkeit und uns in
Liebe nach ihm ausrichten, sowie das Moment
der Reue, das Wissen um unsere Unwürdig-
keit und Sünde. Das Gebet enthält eine krei-
sende Bewegung, eine Folge aus Aufstieg und
Umkehr. Im ersten Teil des Gebetes erheben
wir uns zu Gott: „Herr Jesus Christus, Sohn
Gottes ...“; um dann im zweiten Teil voller
Zerknirschung in uns zu gehen: „... erbarme
dich über mich Sünder." „Diejenigen, die die
Gabe des Heiligen Geistes gekostet haben",
heißt es in den Homilien des Makarios, „erfahren in ihrem Bewußtsein zwei Dinge zugleich: Freude und Trost auf der einen Seite;
Zittern, Furcht und Klagen auf der anderen
Seite."[16] Genauso verhält es sich mit der inneren Dialektik des Jesus-Gebetes.

Diese zwei Momente – das Schauen der göttlichen Glorie und das Bewußtsein der menschlichen Sünde – sind vereint und versöhnt in einem dritten Moment: wenn wir das Wort „Erbarmen" aussprechen. Erbarmen bezeichnet den Brückenschlag über die Abgründe zwischen der Gerechtigkeit Gottes und der gefallenen Kreatur. Derjenige, der zu Gott spricht: „Erbarme dich meiner!", beklagt seine eigene Hilflosigkeit, verkündet aber zugleich eine neue Hoffnung. Er spricht nicht nur von der Sünde, sondern auch von ihrer Überwindung. Er bekennt, daß Gott in seiner Gnade uns annimmt, obwohl wir Sünder sind, und wenn wir umkehren, fordert Gott von uns, daß wir einzig diese eine Tatsache annehmen: nämlich daß wir angenommen sind! Also enthält das Jesus-Gebet nicht nur einen Ruf zur Reue, sondern auch eine Zusicherung der Vergebung und Erlösung.

Das Herzstück des Gebetes – der eigentliche Name „Jesus" – trägt auch genau den Sinn von Erlösung: „Du sollst ihm den Namen Jesus geben, denn er wird sein Volk von seinen Sünden befreien" (Mt 1, 21). Wenngleich das Jesus-Gebet die Trauer über die Sünde enthält, so ist dies doch nicht eine hoffnungslose, sondern eine „Freude schaffende Trauer", wie es der hl. Johannes Klimakos ausdrückt († um 649).

Solche theologische und spirituelle Reichtümer birgt das Jesus-Gebet. Diese existieren nicht allein in abstrakter Form, sondern sind auf belebende und kraftvolle Weise wirksam. Der besondere Wert des Jesus-Gebetes liegt darin, daß es diese Wahrheiten lebendig werden läßt, so daß sie nicht nur äußerlich und theoretisch, sondern von der ganzen Fülle unseres Seins erfaßt werden können.

Um zu verstehen, warum das Jesus-Gebet solche Wirksamkeit besitzt, müssen wir uns noch zwei weiteren Aspekten zuwenden: der Macht des Namens und der Übung regelmäßiger Wiederholung.

5. Die Macht des Namens

„Der Name des Sohnes Gottes ist groß und un-
umgrenzt; er trägt den ganzen Kosmos." Dieses Bekenntnis finden wir beim „Hirten des
Hermas" (Gleichnis IX, 14). Wir werden die Bedeutung des Jesus-Gebetes für die orthodoxe
Spiritualität nicht recht würdigen können,
ohne daß wir etwas von der Macht und Stärke
erspüren, die der göttliche Name in sich birgt.
Wenn das Jesus-Gebet wirkungsvoller ist als
andere Anrufungen, dann liegt das daran, daß
es den Namen Gottes enthält.

Im Alten Testament[17], wie in anderen alten
Kulturen, besteht eine tatsächliche Identität
zwischen der Seele eines Menschen und seinem Namen. Die ganze Persönlichkeit mit all
ihren Eigenheiten und all ihrer Kraft ist im Namen gegenwärtig. Den Namen eines Menschen kennen bedeutet: einen gewissen Ein-
blick in sein Wesen zu gewinnen und somit
einen bestimmten Grad der Vertrautheit zu er-

langen, ja vielleicht sogar Macht über diesen Menschen zu besitzen. Aus diesem Grund weigert sich der unbekannte Fremde, der mit Jakob in der Furt des Jabbok ringt, seinen Namen preiszugeben (Gen 32,30). Dieselbe Haltung zeigt sich in der Antwort des Engels an Manoach: „Warum fragst du mich nach meinem Namen? Er ist wunderbar" (Ri 13,18). Ein Namenswechsel bezeichnet eine entscheidende Veränderung im Leben eines Menschen: etwa, wenn Abram zu Abraham (Gen 17,15) oder wenn Jakob zu Israel wird (Gen 32,28). Ebenso wird Saulus nach seiner Bekehrung zu Paulus (Apg 13,9); und ein Mönch erhält bei seiner Profeß einen neuen Namen, den er sich normalerweise nicht selbst aussucht, um das grundlegend Neue zu bezeichnen, dem er sich ausliefert.

In der hebräischen Tradition ist es ein Geschehen von größter Vollmacht und Bedeutung, wenn jemand etwas im Namen eines anderen tut oder dessen Namen anruft oder sich auf dessen Namen beruft. Wenn man den Namen eines Menschen anruft, dann bedeutet dies, seine Person wirksam zu vergegenwärtigen. Man erfüllt einen Namen mit Leben, sobald man ihn anruft. Der Name ruft augenblicklich die Seele dessen herbei, der durch diesen Namen bezeichnet wird; deshalb kommt der bloßen Erwähnung eines Namens so große Bedeutung zu[18]. Wenn all dies schon für menschliche Namen gilt, dann in unvergleichlich höherer Weise auch für den göttlichen Namen. Die Macht und die Herrlichkeit Gottes sind in seinem Namen gegenwärtig und wirksam. Der Gottesname ist „die anwesende Gottheit", „Gott mit uns", „Immanuel". In dem Augenblick, da man aufmerksam und überlegt den Namen Gottes anruft, begibt man sich selbst in seine Gegenwart, öffnet sich für seine Kraft und überliefert sich selbst als Werkzeug und Opfergabe in seine Hände. Im späteren Judentum war das Empfinden für die Majestät des göttlichen Namens so stark, daß das Tetragramm im Gottesdienst der Synagoge nicht laut ausgesprochen wurde. Der Name des Allerhöchsten galt als eine furchtbare Macht; aus diesem Grund durfte er nicht einmal genannt werden[19].

Dieses hebräische Verständnis des Namens wird vom Alten Testament in das Neue Testament übernommen. Teufel werden ausgetrieben und Menschen geheilt durch den Namen Jesu, denn dieser Name ist Macht. Sobald die Macht des Namens einmal richtig einge- schätzt wird, erhalten viele vertraute Stellen einen volleren Sinn und eine größere Kraft. Etwa das Wort im Herrengebet: „Geheiligt werde dein Name" oder Jesu Verheißung beim Letzten Abendmahl: „Was immer ihr den Vater in meinem Namen bitten werdet, das wird er euch geben" (Joh 16,23). In ähnlicher Weise auch seine letzte Weisung an die Apostel: „Deshalb geht und lehrt alle Völker, tauft sie im Namen des Vaters und des Sohnes und des Heiligen Geistes!"(Mt 28,19). Das Bekenntnis des hl. Petrus, daß das Heil nur im Namen Jesu Christi von Nazaret zu finden ist (Apg 4,10–12). Genauso die Worte des hl. Paulus: „Vor dem Namen Jesu soll sich jedes Knie beu- gen" (Phil 2,10). Der neue und geheimnisvolle Name, der auf einen weißen Stein geschrieben ist, welcher uns im kommenden Äon gegeben wird (Offb 2,17).

Diese biblische Ehrfurcht vor dem Namen bildet die Basis und Grundlegung des Jesus- Gebetes. Der Name Gottes ist wesensmäßig mit seiner Person selbst verbunden. Deshalb trägt die Anrufung des Namens einen ganz eigenen sakramentalen Charakter; sie dient ja als wirksames Zeichen seiner unsichtbaren Nähe und Tätigkeit. Der Name Jesu ist eine Kraft, für den gläubigen Christen unserer Tage ebenso wie zu apostolischer Zeit. Die beiden Starzen von Gaza, der hl. Barsanuphios und der hl. Johannes (6. Jhdt.), sagen: „Die Erinnerung an den göttlichen Namen zerstört alles Böse von Grund auf."[20] Der hl. Johannes Klimakos fordert uns auf: „Zerschlage deine Feinde mit Jesu Namen, denn es gibt keine stärkere Waffe im Himmel und auf Erden ... Laß die Erinnerung an Jesus mit jedem deiner Atemzüge vereint sein, und du wirst den Wert der Stille erkennen."[21]

Der Name ist eine Macht, aber durch eine rein mechanische Wiederholung allein erreicht man nichts. Das Jesus-Gebet ist kein magischer Glücksbringer. Wie bei allen sakramentalen Handlungen ist der Mensch aufgefordert, durch seinen Glauben und durch sein asketisches Bemühen ein Mitarbeiter Gottes zu sein. Wir sind aufgerufen, den Namen mit Sammlung und innerer Wachsamkeit anzurufen, unseren Geist in die Worte des Gebetes einzuschließen und uns dabei bewußt zu sein, wer Er ist, an den wir uns wenden und der uns in unserem Herzen Antwort gibt. Solch angestrengtes Beten ist auf den ersten Stufen niemals leicht, und die Väter beschreiben es zu Recht als ein verborgenes Martyrium.

Der hl. Gregor vom Sinai spricht wiederholt von der „Anstrengung und Mühe", die alle auf sich nehmen, die dem Weg des Namens folgen. Es verlangt „ein fortwährendes Bemühen"; sie werden versucht sein aufzugeben „wegen des drängenden Schmerzes, der von der inneren Anrufung des Geistes herrührt". „Deine Schultern werden schmerzen, und oft wirst du in deinem Kopf Schmerz empfinden", warnt er, „aber schreite fort, ohne abzulassen und mit brennendem Verlangen, der du den Herrn in deinem Herzen suchst."[22] Nur durch solch geduldigen Glaubenseifer werden wir die wahre Kraft des Namens entdecken.

Dieses gläubige Ausharren kommt in einer aufmerksamen und häufigen Wiederholung zum Ausdruck. Jesus befahl seinen Jüngern, keine „leeren Worte" zu machen (vgl. Mt 6,7), aber die Wiederholung des Jesus-Gebetes, wenn sie innerlich aufrichtig und gesammelt geschieht, ist keineswegs „leer".

Das wiederholte Anrufen des Namens hat eine doppelte Wirkung: es führt unser Gebet zur Einfachheit und macht es gleichzeitig innerlicher.

6. Sammlung

Sobald wir einen ernsthaften Versuch unternehmen, im Geist und in der Wahrheit zu beten, wird uns unsere innere Zerrissenheit, unser Mangel an Einheit und Ganzheit in aller Deutlichkeit bewußt. Trotz all unserer Bemühungen vor Gottes Angesicht zu stehen, eilen die Gedanken weiterhin rast- und ziellos durch den Kopf, wie „Fliegengesumm" (Bischof Theophan) oder wie „der hurtige Sprung der Affen von Ast zu Ast" (Ramakrishna). Kontemplation bedeutet zuallererst, dort anwesend zu sein, wo man gerade ist; bedeutet, im „Hier" und „Jetzt" zu sein. Normalerweise sehen wir uns jedoch nicht imstande, unseren Geist davon abzuhalten, ohne Ziel und Richtung durch Raum und Zeit zu schweifen. Wir rufen uns die Vergangenheit zurück, stellen uns die Zukunft vor, planen, was als nächstes zu tun ist; Menschen und Orte treten in nicht endender Reihenfolge in unser Bewußtsein.

Es fehlt uns die Kraft, uns an dem einen Ort zu sammeln, an dem wir sein sollten: *hier*, in der Gegenwart Gottes. Wir sind unfähig, ganz in dem einzigen Augenblick der Zeit zu leben, der in Wahrheit existiert: *jetzt*, in der unmittelbaren Gegenwart. Diese innere Zerrissenheit ist eine der unheilvollsten Folgen des Sündenfalls. Man hat festgestellt, daß Menschen, die etwas zustande bringen, immer nur eine Sache zu einer Zeit erledigen. Aber das ist keine leichte Sache. Wenn es schon bei äußerer Arbeit schwer genug ist, dann ist es noch schwieriger in der „Arbeit" des inneren Gebetes.

Was ist zu tun? Wie können wir lernen, ganz in der Gegenwart zu leben, im ewigen Jetzt? Wie können wir den „Kairos" wahrnehmen, den entscheidenden Augenblick, die Gunst der Stunde? Gerade dazu kann uns das Jesus-Gebet helfen. Die wiederholte Anrufung kann uns durch Gottes Gnade von dem Zerteiltsein zur Einheit zusammenbringen und aus Zerstreuung und Vielfalt zur Ein-falt. „Um das ständige Anrennen deiner Gedanken zu beenden", sagt Bischof Theophan, „mußt du den Geist mit einem Gedanken fesseln oder mit dem Gedanken an den Einen."[23]

Die asketischen Väter, besonders Barsanuphios und Johannes, unterscheiden zwei
Wege im Kampf gegen die Gedanken. Die erste
Methode ist für die „Starken" oder „Vollendeten". Sie können ihren Gedanken „widerspre-
chen": ihnen von Angesicht zu Angesicht ge-
genübertreten und sie im offenen Kampf zu-
rückschlagen. Aber für die meisten von uns ist
das zu schwierig und kann tatsächlich zu
schweren Schädigungen führen. Direkte Kon-
frontation, der Versuch, Gedanken durch eine
Willensanstrengung gleichsam auszureißen
und zu verjagen, dient oft nur dazu, unserer
Einbildungskraft zu noch größerer Stärke zu
verhelfen. Gewaltsam unterdrückt, neigen unsere Phantasien dazu, mit vermehrter Gewalt
zurückzukehren. Anstatt unsere Gedanken offen zu bekämpfen und den Versuch zu unternehmen, sie durch eine Willensanstrengung
auszulöschen, ist es klüger, sich abzuwenden
und unsere Aufmerksamkeit auf etwas anderes zu richten. Anstatt hinunterzustarren in
unsere verworrene Vorstellungswelt und uns
darauf zu konzentrieren, unseren Gedanken
Widerstand zu leisten, sollten wir nach oben
zu dem Herrn Jesus blicken und uns selbst in

seine Hände befehlen, indem wir seinen Namen anrufen. Und die Gnade, die mittels seines Namens wirkt, wird alle Gedanken überwinden, die wir aus eigener Kraft nicht auslöschen können. Unser Vorgehen im geistlichen Kampf sollte positiv sein, nicht negativ: anstatt zu versuchen, unseren Geist von allem Bösen zu entleeren, sollten wir ihn füllen mit dem Gedanken an das Gute. „Widersprich den Gedanken nicht, die dir deine Feinde einflüstern", raten Barsanuphios und Johannes, „denn genau das wollen sie, und sie werden nicht aufhören, dir Schwierigkeiten zu machen. Sondern wende dich an den Herrn um Hilfe gegen sie, und bringe deine eigene Ohnmacht vor ihn; denn er kann sie vertreiben und sie zunichte machen."[24]

Das Jesus-Gebet ist also ein Weg, sich abzuwenden und den Blick in eine andere Richtung zu lenken. Während des Betens kommen uns unvermeidlich viele Vorstellungen und Gedanken an. Diesen Strom können wir nicht durch eine einfache Anstrengung unseres Willens zum Stillstand bringen. Es hat wenig oder gar keinen Wert, zu sich selbst zu sagen: „Hör auf mit dem Denken!" Wir könnten ebensogut sagen: „Hör auf mit dem Atmen!" „Der vernünftige Geist kann nicht untätig verweilen", sagt der hl. Markos Eremites[25]. Die Gedanken erfüllen den Geist ständig mit einem ununterbrochenen Gezwitscher, ähnlich dem Chor der Vögel im Morgengrauen. Wir können dieses Gezwitscher auch nicht plötzlich verschwinden lassen. Wohl aber können wir uns selbst davon ablösen, indem wir unseren immer tätigen Geist „binden" an „einen Gedanken oder den Gedanken an den Einen" – den Namen Jesu.

Mit den Worten des hl. Diadochos von Photike (5. Jh.): „Wenn wir alle Ausgänge des Geistes mittels der Erinnerung an Gott verschlossen haben, dann verlangt er von uns um jeden Preis eine Aufgabe, die seinen Drang nach Tätigkeit befriedigt. Geben wir ihm dann als seine einzige Tätigkeit die Anrufung: Herr Jesus ..."[26] „Durch die Er-Innerung Jesu Christi", wie Philotheos vom Sinai (9./10. Jh.) sagt, „sammelst du deinen unbehausten Geist, der weit umher zerstreut ist."[27] Anstatt also zu versuchen, den Lauf der Gedanken durch eigene Kraft zu hindern, verlassen wir uns auf die Kraft, die durch den Namen wirkt.

Nach Euagrios Pontikos († 399) „ist Gebet
ein Ablegen der Gedanken"[28]. Ein Ablegen ist
kein wilder Kampf, keine hastige Unterdrük-
kung, sondern ein sanfter, aber doch beständi-
ger Akt der Ablösung. Durch die Wiederholung
des Namens wird uns geholfen, unsere ober-
flächlichen oder verderblichen Vorstellungen
„abzulegen", sie „fahren zu lassen" und sie
durch den Gedanken an Jesus zu ersetzen.
Wenn auch die Vorstellungskraft und das dis-
kursive Denken beim Beten des Jesus-Gebetes
nicht mit Gewalt unterdrückt werden sollen, so
dürfen sie doch auf keinen Fall bestärkt werden.

Das Jesus-Gebet ist keine Form der Meditation über bestimmte Ereignisse im Leben Jesu
oder über Worte und Gleichnisse des Evangeliums; noch weniger ist es ein Weg, theologische Wahrheiten zu erwägen oder diese in seinem Inneren zu erörtern, etwa die Bedeutung
des „homoousios" oder des Chalkedonischen
Glaubensbekenntnisses. In dieser Hinsicht ist
das Jesus-Gebet streng zu unterscheiden von
den Methoden der diskursiven Meditation, wie
sie im Westen seit der Zeit der Gegenreforma-
tion bekannt sind (Ignatius von Loyola, Franz

von Sales, Alfons von Liguori usw.). Wenn wir den Namen anrufen, sollten wir in unseren Gedanken nicht absichtlich irgendein sichtbares Bild des Erlösers gestalten. Dies ist einer der Gründe, warum wir das Gebet lieber im Dunkeln sprechen anstatt mit offenen Augen vor einer Ikone. „Halte deinen Geist frei von Farben, Bildern und Gestalten", empfiehlt der hl. Gregor vom Sinai dringend, „hüte dich beim Gebet vor der Einbildung (Phantasie) – sonst wirst du möglicherweise entdecken, daß du kein Hesychast, sondern ein Phantast geworden bist."[29] „Um keiner Illusion zu verfallen, wenn du das innere Gebet praktizierst, darfst du dir selbst keinerlei Ideen, Bilder oder Gesichte zugestehen", sagt Nil Sorskij († 1508)[30]. „Zwischen deinem Geist und dem Herrn darfst du nicht irgendein Bild als Vermittler festhalten, wenn du das Jesus-Gebet übst", schreibt Bischof Theophan. „Wesentlich ist, in Gott zu verweilen, und dieses Wandeln vor Gott bedeutet, so zu leben, daß du beständig in deinem Bewußtsein mit der Überzeugung lebst, daß Gott in dir ist, so wie er alles erfüllt. Du lebst in der sicheren Verheißung, daß er dein Inneres sieht und dich besser

kennt, als du dich selber kennst. Dieses Ge-
wahren Gottes, der dein inneres Wesen an-
sieht, darf nicht von einer visuellen Vorstellung begleitet sein, sondern muß beschränkt
bleiben auf ein einfaches Überzeugtsein oder
Empfinden."[31]

Nur wenn wir den Namen auf diese Weise
anrufen – indem wir keine Bilder des Erlösers
gestalten, sondern einfach seine Gegenwart
spüren –, werden wir die ganze einigende
Macht des Jesus-Gebetes erfahren.

7. Der Weg zum Herzen

Indem die wiederholte Anrufung des Namens unserem Gebet zu einer neuen Einheit verhilft, führt sie es zugleich tiefer nach innen und macht es zu einem Bestandteil unserer selbst. Das Gebet ist dann nicht mehr etwas, das wir in bestimmten Augenblicken *tun*, sondern vielmehr etwas, das wir beständig *sind*; nicht eine gelegentliche Handlung, sondern ein fortwährender Zustand. Solches Beten wird dann in Wahrheit ein Beten des *ganzen Menschen*, wobei die Worte und der Sinn des Gebetes völlig übereinstimmen mit der Person des Betenden. Dies drückt der späte Paul Evdokimov (1901–1970) sehr gut aus: „Das am häufigsten wiederkehrende Bild in den Katakomben ist die Abbildung einer Frau im Gebet, der *Orante*. Sie stellt die einzig wahre Haltung der menschlichen Seele dar. Es reicht nicht aus, Gebet zu *besitzen*; wir müssen Gebet *werden*, fleischgewordenes Gebet. Es genügt nicht, Augenblicke des Lobpreises zu kennen; unser ganzes Leben, jede Tat und jede Geste, selbst ein Lächeln muß ein Hymnus der Anbetung werden, ein Opfer, ein Gebet. Nicht das, was wir haben, müssen wir darbringen, sondern das, was wir sind."[32]

Was die Welt vor allem braucht, sind nicht Menschen, die mit mehr oder weniger großer Regelmäßigkeit Gebete sprechen, sondern Menschen, die Gebet geworden sind.

Diese Art des Betens, wie sie Evdokimov beschreibt, kann genauer bestimmt werden als „Herzensgebet". In der Orthodoxie wie in vielen anderen Traditionen teilt man das Gebet in drei Klassen ein, die man eher als Ebenen ansehen muß, die sich gegenseitig durchdringen, nicht als Stufen, die aufeinanderfolgen: das Gebet der Lippen (mündliches Gebet); das Gebet des Geistes (geistiges Gebet) und das Gebet des Herzens (oder des Geistes im Herzen).

Die Anrufung des Namens beginnt, wie jedes andere Gebet, als mündliches Gebet, bei dem man mit Hilfe der Zunge die Worte formt; dies geschieht durch eine bewußte Anstrengung des Willens. Gleichzeitig richten wir unseren Geist – wiederum durch ein absichtli-

ches Bemühen – auf die Bedeutung der Worte,
die der Mund spricht. Im Lauf der Zeit wächst
unser Gebet mit der Hilfe Gottes tiefer nach innen. Die Anteilnahme des Geistes wird intensi-
ver und geschieht unwillkürlich wie von selbst.
Die durch die Zunge hervorgebrachten Laute
werden weniger wichtig; vielleicht unterblei-
ben sie für einen Augenblick ganz, und man
ruft den Namen schweigend an, ohne irgend-
eine Bewegung der Lippen, allein im Geist.
Wenn uns das widerfährt, dann sind wir,
durch Gottes Gnade, von der ersten Ebene zur
zweiten durchgestoßen. Das bedeutet nicht,
daß die stimmhafte Anrufung überhaupt auf-
hört, denn es gibt Momente, wo selbst der im
inneren Gebet schon sehr weit „Fortgeschrit-
tene" den Wunsch haben wird, den Herrn Jesus laut mit seinem Namen anzurufen. (Und
wer von uns kann wirklich behaupten, ein
„Fortgeschrittener" zu sein? Wir sind allesamt
Anfänger in Dingen des geistlichen Lebens.)

Aber die Reise nach innen ist noch nicht am
Ziel. Der Mensch ist weit mehr als nur sein
geistiges Bewußtsein. Außer seinem Gehirn
und den Fähigkeiten seines Verstandes hat er
Gefühle und Affekte sowie ein ästhetisches

Empfinden, verbunden mit den triebhaften
Schichten in der Tiefe seiner Person. Alle diese
Anlagen sollen beim Gebet mitwirken, denn
der ganze Mensch ist aufgerufen, an dem umfassenden Akt der Verehrung Gottes teilzunehmen. Wie ein Tropfen Öl auf einem Tuch
sich ausbreitet und es durchtränkt, so sollte
die Praxis des Gebetes sich ständig vertiefen,
indem es sich vom Gehirn her, dem Zentrum
von Bewußtsein und Denken, ausbreitet, bis
jede Schicht unserer Person davon durchtränkt
ist.

Mehr technisch gesprochen bedeutet dies,
daß wir aufgerufen sind, von der zweiten
Ebene zur dritten aufzusteigen: vom „Gebet
des Geistes" zum „Gebet des Geistes im Herzen". *Herz* ist in diesem Zusammenhang eher
im semitisch-biblischen Sinn zu verstehen,
weniger im modernen; nämlich als ein Wort,
das nicht nur die Gefühle und Affekte, sondern
die Gesamtheit der menschlichen Person
bezeichnet. Das Herz ist das zentrale Organ
menschlichen Seins, der innerste Mensch,
„das tiefste und eigentliche Selbst, das nur
erreicht wird durch das Opfer, durch den
Tod"[33]. Entsprechend einer Formulierung von

B. Vysheslavtsev ist es „die Mitte nicht nur des Bewußtseins, sondern auch des Unbewußten, nicht nur der Seele, sondern auch des Geistes, nicht nur des Geistes, sondern auch des Körpers, nicht nur des Verstehbaren, sondern auch des Unverstehbaren; mit einem Wort: die absolute Mitte"[34]. So gesehen, ist das Herz weit mehr als ein körperliches Organ des Leibes; das physische Herz ist ein äußeres Symbol für die unbegrenzten geistlichen Möglichkeiten des geschöpflichen Menschen, der erschaffen ist zum Bild und Gleichnis Gottes.

Um an das Ziel dieser Reise nach innen zu gelangen und um wahrhaftig zu beten, ist es notwendig, in diese „absolute Mitte" einzutreten, das heißt, hinabzusteigen vom Geist in das Herz; genauer gesagt, wir sollen nicht vom Geist aus, sondern *mit* dem Geist hinabsteigen. Das Ziel ist nicht nur das „Gebet des Herzens", sondern das „Gebet des Geistes im Herzen", denn unser bewußtes Verstehen einschließlich unserer Vernunft ist eine Gabe von Gott und soll zu seinem Dienst eingesetzt und nicht etwa verworfen werden.

Diese „Vereinigung des Geistes mit dem Herzen" bezeichnet die Wiederherstellung der gefallenen und gebrochenen Natur des Menschen, die Erneuerung seiner ursprünglichen Ganzheit. Das Herzensgebet ist eine Rückkehr in das Paradies, die Umkehrung des Sündenfalles, das Wiedererlangen des „status ante peccatum". Das bedeutet, es ist eine eschatologische Wirklichkeit, Unterpfand und Vorwegnahme des kommenden Äons – etwas, das in dieser gegenwärtigen Zeit niemals voll und ganz verwirklicht wird.

Diejenigen, die vielleicht unvollkommen, aber doch in einem gewissen Maße mit dem Herzen beten, haben mit diesem Übergang begonnen, von dem wir vorher sprachen: der Übergang vom „angestrengten" zum „selbsttätigen" Gebet, von dem Gebet, das ich spreche, zu dem Gebet, das sich selbst spricht, oder besser: dem Gebet, das Christus in mir spricht. Denn das Herz hat im geistlichen Leben eine doppelte Bedeutung: Es ist sowohl die Mitte des menschlichen Wesens als auch der Ort der Begegnung zwischen Gott und Mensch. Es ist sowohl der Ort der Selbsterkenntnis, wo sich der Mensch sieht, wie er in Wahrheit ist, als auch der Ort der Selbstübersteigung, wo sich der Mensch als einen Tempel der heiligen

Dreifaltigkeit erkennt, in dem sich Urbild und Abbild von Angesicht zu Angesicht begegnen. In der „inneren Kammer" seines eigenen Herzens findet der Mensch den Grund seines Wesens und überquert dabei die geheimnisvolle Grenze zwischen dem Geschaffenen und dem Ungeschaffenen.

„Es gibt unergründliche Tiefen des Herzens", heißt es in den Makarios-Homilien. „Da ist Gott mit den Engeln, Licht und Leben sind da, das Königreich und die Apostel, die himmlische Stadt und die Reichtümer der Gnade: Alles ist dort."[35]

Das Gebet des Herzens bezeichnet also den Zustand, wo „mein" Handeln, „mein" Beten deutlich eins wird mit dem fortwährenden Handeln eines anderen in mir. Es ist nicht mehr ein Gebet *zu* Jesus, sondern das Gebet *von* Jesus selbst. Dieses Übergehen vom „angestrengten" zum „selbsttätigen" Gebet ist eindrucksvoll angedeutet in den „Aufrichtigen Erzählungen eines russischen Pilgers": „Einst früh am Morgen war es so, als habe mich das Gebet geweckt" (S. 35). Bis dahin war es der Pilger, „der das Gebet spricht"; jetzt entdeckt er, daß das Gebet „sich selbst spricht", sogar wenn er schläft, denn es ist eins geworden mit dem Gebet Gottes in ihm.

Die Leser der „Aufrichtigen Erzählungen eines russischen Pilgers" könnten den Eindruck gewinnen, daß dieser Übergang vom mündlichen Gebet zum Gebet des Herzens ganz leicht gelungen sei, fast wie ein mechanischer und automatischer Vorgang. Es scheint, daß der Pilger das selbsttätige Gebet innerhalb weniger Wochen erreicht habe. Es ist daher notwendig zu betonen, daß seine Erfahrung, wenn auch nicht einzigartig, so doch von außergewöhnlicher Tiefe ist[36]. Üblicherweise kommt das selbsttätige Gebet des Herzens, wenn überhaupt, nur nach der Dauer eines lebenslangen asketischen Ringens. Es ist das freie Geschenk Gottes, das er gewährt, wie und wann er will, und nicht das unausbleibliche Ergebnis einer bestimmten Technik. Der hl. Isaak der Syrer (7. Jh.) unterstreicht, wie äußerst selten diese Gabe ist, wenn er sagt, daß „kaum einer unter Zehntausenden" der Gabe des reinen Gebetes für würdig befunden wird, und er fügt hinzu: „Wegen des großen Geheimnisses, das unter dem reinen Gebet verborgen liegt, gibt es in einer Generation kaum einen einzigen Menschen, der diesem Erkennen der göttlichen Gnade nahe gekommen ist."[37] „Einer unter Zehntausenden, einer aus jeder Generation": Wenn diese Warnung auch ernüchtert, sollten wir doch nicht übermäßig entmutigt sein, denn der Pfad in das innere Königreich steht allen offen, und alle können gleichermaßen ein Stück Weges darauf pilgern. In dieser gegenwärtigen Zeit erfahren wenige die tieferen Geheimnisse des Herzens in ihrer Fülle; sehr viele aber empfangen auf einem sehr bescheidenen und immer wieder unterbrochenen Weg wahrhafte Eindrücke von dem, was mit geistlichem Gebet gemeint ist.

8. Leibhaftiges Beten

Es ist an der Zeit, einen umstrittenen Punkt ins Auge zu fassen, an dem die Lehre der byzantinischen Hesychasten oft fehlinterpretiert wird: die Rolle des Leibes im Gebet.

Wie bereits gesagt wurde, ist das Herz das Hauptorgan des menschlichen Wesens, der Ort des Zusammentreffens von Geist und Materie; es ist die Mitte sowohl der physischen Verfassung als auch der psychischen und geistlichen Anlagen. Zwei Aspekte sind von Bedeutung für das Herz: Es ist gleichzeitig sichtbares sowie unsichtbares Organ; daher ist Gebet des Herzens eben genauso ein Gebet des Leibes wie der Seele: Nur wenn es den Leib mit einbezieht, kann es in Wahrheit Gebet des ganzen Menschen sein. Nach biblischem Verständnis ist der Mensch eine psychosomatische Ganzheit, nicht etwa eine Seele, die im Leib gefangen ist und zu entfliehen versucht, sondern beide in völliger Einheit: Leib und

Seele. Der Leib ist nicht nur ein Hindernis, das es zu überwinden gilt, ein Stück Materie, das man nicht so ernst nehmen darf; vielmehr hat der Körper im geistlichen Leben eine positive Rolle zu spielen, und er ist ausgestattet mit Energien, die der „Arbeit" des Gebetes dienstbar gemacht werden können.

Wenn dies schon für das Gebet im allgemeinen gilt, dann ist es von besonderer Bedeutung für das Jesus-Gebet; denn dabei handelt es sich ja um eine Anrufung des inkarnierten Gottes, des fleischgewordenen Wortes. Christus nahm bei seiner Fleischwerdung nicht nur einen menschlichen Geist und Willen an, sondern ebenso einen menschlichen Leib und hat damit das *Fleisch* zu einer unerschöpflichen Quelle der Heiligung gemacht. Wie kann nun dieses „Fleisch", welches der Gott-Mensch zum Geistträger werden ließ, teilhaben an der Anrufung des Namens und am Gebet des Geistes (der Vernunft) im Herzen?

Um solche Teilnahme zu unterstützen und als Hilfe zur Konzentration, haben die Hesychasten eine Art „physisches Verfahren" entwickelt. Sie erkannten, daß jede seelische Aktivität auf physischer und leiblicher Ebene Rückwirkungen hat: Je nach unserer inneren Verfassung wird es uns heiß oder kalt, atmen wir schneller oder langsamer, beschleunigt oder verlangsamt sich der Rhythmus unseres Herzschlages und so fort. Umgekehrt wirkt sich jede Veränderung der körperlichen Verfassung hemmend oder fördernd auf unsere psychische Aktivität aus. Wenn wir lernen, bestimmte Prozesse unseres Körpers zu kontrollieren und zu regulieren, könnte das zur Stärkung unserer inneren Konzentration beim Gebet genutzt werden. Dies ist das Grundprinzip der hesychastischen „Methode". Im einzelnen hat dieses „physische Verfahren" drei Hauptaspekte:

a) Die äußere Haltung

Der hl. Gregor von Sinai empfiehlt, auf einem niedrigen, etwa 20 cm hohen Schemel zu sitzen. Kopf und Schultern werden gebeugt und die Augen in Richtung auf das Herz gerichtet. Er gesteht zu, daß diese Haltung sich nach einiger Zeit als äußerst unbequem erweist. Einige Schriftsteller empfehlen eine noch anspruchsvollere Haltung: den Kopf zwischen den Knien, nach dem Beispiel des Elija auf dem Berge Karmel[38].

b) Die Atemkontrolle

Die Atmung soll verlangsamt und dabei gleichzeitig mit dem Rhythmus des Gebetes abgestimmt werden. Häufig wird der erste Teil: „Herr Jesus Christus, Sohn Gottes ..." während des Einatmens gesprochen und der zweite Teil: „... erbarme dich über mich Sünder" beim Ausatmen. – Das Sprechen des Gebetes kann auch mit dem Herzschlag abgestimmt werden.

c) Suchen nach innen

Der Yoga-Schüler wird angewiesen, sein Bewußtsein auf bestimmte Zentren des Körpers zu konzentrieren; dementsprechend sammelt der Hesychast sein Bewußtsein im Herzenszentrum. Während er durch die Nase einatmet und den Atem in seine Lungen hinunterleitet, läßt er seinen Geist mit dem Atem „hinabsteigen" und sucht inwendig nach dem Ort des Herzens. Genauere Anweisungen zu dieser Übung werden schriftlich nicht gegeben aus

Sorge, sie könnten falsch verstanden werden;
die Einzelheiten des Vorgangs sind so heikel,
daß die persönliche Anleitung durch einen erfahrenen Meister unerläßlich ist! Der Anfänger, der es unternimmt, ohne solche Anleitung
nach seinem Herzenszentrum zu suchen, ist in
Gefahr, seine Gedanken unvermerkt in den Bereich zu lenken, der weiter unter dem Herzen
liegt – in den Bauchraum und die Darmgegend
(Unterleib). Die Auswirkungen auf das Gebet
wären verheerend, denn diese niedrigere Re-
gion ist die Quelle der fleischlichen Gedanken
und Empfindungen, die Geist und Herz verun-
reinigen[39].

Aus einleuchtenden Gründen ist also äußerste
Umsicht geboten, wenn man auf instinktive
körperliche Prozesse, wie Atmung oder Herzschlag, einzuwirken versucht. Ein Mißbrauch
des physischen Verfahrens kann die Gesund-
heit eines Menschen ruinieren und sein geistiges Gleichgewicht erheblich stören, von daher
auch die hohe Bedeutung eines zuverlässigen
Meisters. Wenn ein solcher Starez nicht zur
Verfügung steht, ist es für den Anfänger das
beste, wenn er sich darauf beschränkt, auf-

richtig das Jesus-Gebet zu sprechen, ohne sich überhaupt um den Rhythmus des Atems oder des Herzschlags zu kümmern. Oft genug wird er erleben, daß sich die Worte der Anrufung von selbst – ohne irgendein bewußtes Bemühen seinerseits – der Bewegung seines Atems oder seines Herzens anpassen. Wenn das tatsächlich nicht geschehen sollte, besteht kein Grund zur Unruhe; er möge ruhig mit der „Arbeit" der geistigen Anrufung fortfahren.

Die körperlichen Techniken sind auf jeden Fall nicht mehr als eine Beigabe, die sich für einige als hilfreich erwiesen hat, die aber in keiner Hinsicht für jedermann verpflichtend ist. Das Jesus-Gebet kann in seiner ganzen Fülle praktiziert werden, ohne irgendwelche körperliche Technik anzuwenden. Der hl. Gregor Palamas (1296–1359), der die Anwendung solcher Techniken theologisch für vertretbar hält, behandelte diese Methoden als etwas Zweitrangiges und empfiehlt sie hauptsächlich für Anfänger[40]. Wesentlich ist für ihn, wie für alle hesychastischen Meister, nicht die äußere Atemkontrolle, sondern die inwendige und verborgene Anrufung des Herrn Jesus.

Orthodoxe Schriftsteller der letzten 150

Jahre haben die körperlichen Techniken im allgemeinen mit wenig Nachdruck behandelt. Der Rat, den Bischof Ignatij Brianchaninov (1807–1867) gibt, ist typisch: „Wir empfehlen unseren geliebten Brüdern, nicht zu versuchen, diese Technik zu einem festen Bestandteil ihres inneren Lebens zu machen; außer wenn sie sich von allein offenbart. Viele, die versucht haben, diese Dinge durch Übung zu erlernen, haben dabei ihre Lungen zerstört und nichts gewonnen. Das Wesentliche des Gebetes besteht in der Vereinigung des Geistes mit dem Herzen, und dieses Werk wird durch die Gnade Gottes vollendet zu der Zeit, die Gott bestimmt. Gezielte Atemtechnik wird völlig ersetzt durch das ruhige Aussprechen des Gebetes, eine kurze Ruhe oder Pause nach jedem gesprochenen Gebet, durch gelöstes und ganz ruhiges Atmen und durch das Einschließen des Geistes in die Worte des Gebetes. Wenn wir diese Mittel zu Hilfe nehmen, gelangen wir leicht zu einem gewissen Grad der Aufmerksamkeit."[41]

Im Hinblick auf das Sprechtempo gibt Bischof Ignatij folgende Anregung: „Um das Jesus-Gebet einhundertmal aufmerksam und

ohne Hast zu sprechen, braucht man etwa eine
halbe Stunde; einige Asketen benötigen mehr
Zeit dafür. Sprich die Gebete nicht hastig, sondern eines unmittelbar nach dem anderen:
Mach eine kurze Pause nach jedem Gebet, und
lasse dem Geist Zeit zur Sammlung. Es zerstreut den Geist, wenn du das Gebet ohne Pau-
sen sprichst. Atme bewußt, gelöst und langsam!"[42]

Anfänger im Umgang mit dem Gebet werden
möglicherweise ein schnelleres Zeitmaß vor-
ziehen als das hier vorgeschlagene – vielleicht
einhundert Gebete in zwanzig Minuten.

Es bestehen erstaunliche Parallelen zwischen den physischen Techniken der byzantinischen Hesychasten und denen, die im
Hindu-Yoga oder im Sufismus angewandt werden.

Sind diese Ähnlichkeiten reiner Zufall? In-
wieweit sind sie das Ergebnis einer unabhän-
gigen, jedoch analogen Entwicklung innerhalb
zweier Traditionen? Wenn es eine direkte Beziehung zwischen dem Hesychasmus und dem
Sufismus gibt[43] – und einige Parallelen liegen
so nahe beieinander, daß bloßer Zufall ausge-
schlossen scheint –, welche Seite hat dann von

der anderen übernommen? Hier eröffnet sich ein faszinierendes Forschungsgebiet, wenn auch die bisherigen Erkenntnisse zu bruchstückhaft sind, um einen sicheren Schluß zuzulassen.

Eines darf dabei jedoch nicht außer acht gelassen werden. Neben Ähnlichkeiten gibt es auch Unterschiede. Jedes Bild hat einen Rahmen, und alle Bilderrahmen haben gewisse Merkmale gemeinsam; die Bilder jedoch, die in diesen Rahmen hängen, können sehr verschieden sein. Es kommt ja auf das Bild an und nicht auf den Rahmen. Im Fall des Jesus-Gebetes stellen die körperlichen Techniken den Rahmen dar, und die geistige Anrufung Christi ist das Bild in diesem Rahmen. Dieser „Rahmen" des Jesus-Gebetes ähnelt sicher verschiedenen nichtchristlichen „Rahmen", aber das sollte uns nicht von der Einzigartigkeit des Bildes ablenken, das in dem Rahmen hängt, von dem ausgesprochen christlichen Inhalt des Gebetes. Das Wesentliche am Jesus-Gebet ist nicht der Akt der Wiederholung an sich; nicht wie wir sitzen oder atmen, ist wichtig, entscheidend ist, *an wen* wir das Gebet richten. Und hier besteht kein Zweifel: Diese Worte sind an den fleischgewordenen Erlöser gerichtet, an Jesus Christus, den Sohn Gottes und den Sohn Mariens.

Das Vorhandensein einer körperlichen Technik in Verbindung mit dem Jesus-Gebet sollte uns nicht den Blick auf den wahren Charakter des Gebetes verstellen. Das Jesus-Gebet ist nicht nur eine Art Training, das uns zu Konzentration oder Entspannung verhilft. Es ist nicht bloß ein bißchen „christliches Yoga", eine Art „transzendentaler Meditation" oder ein „christliches Mantra", auch wenn verschiedentlich versucht worden ist, das Gebet so darzustellen. Im Gegenteil: das Jesus-Gebet ist eine Anrufung, die ausdrücklich an eine andere Person gerichtet ist: an Gott, der Mensch geworden ist, an Jesus Christus, unseren persönlichen Retter und Erlöser. Deshalb bietet das Jesus-Gebet weit mehr als nur eine besondere Methode oder Technik. Es steht in einem bestimmten Kontext, und wenn man es aus diesem Kontext herauslöst, dann verliert es seine eigentliche Bedeutung.

Der Kontext, in dem das Jesus-Gebet steht, ist zuallererst der des Glaubens. Die Anrufung des Namens setzt voraus, daß derjenige, der das Gebet spricht, an Jesus Christus als den Sohn Gottes und Erlöser glaubt. Die Wiederholung solcher Gebets-Worte muß aus einem lebendigen Glauben an den Herrn Jesus erwachsen – dem Glauben an seine Person und an das, was er persönlich für mich getan hat. Vielleicht ist in vielen von uns der Glaube ganz unsicher und schwankend; vielleicht ist er vermischt mit Zweifel; vielleicht fühlen wir uns oft gedrängt, mit dem Vater des mondsüchtigen Knaben zu flehen: „Herr, ich glaube, hilf meinem Unglauben!" (Mk 9,24).

Aber man sollte zumindest Sehnsucht nach dem Glauben haben, und inmitten aller Ungewißheit sollte wenigstens ein Funken Liebe für Jesus vorhanden sein, den wir noch erst so wenig kennen.

Zum anderen aber steht das Gebet im Kontext einer Gemeinschaft! Wir rufen den Namen nicht als unabhängige Individuen an, die sich ausschließlich auf ihre eigenen inneren Möglichkeiten verlassen; wir beten als Glieder der Gemeinschaft der Kirche. Schriftsteller wie der hl. Barsanuphios, der hl. Gregor vom Sinai oder Bischof Theophan setzten voraus, daß ihre Schüler getaufte Glieder der Kirche sind, die regelmäßig durch Beichte und Kommunion am sakramentalen Leben der Kirche teilnehmen. Diesen empfehlen sie das Jesus-Gebet! Nicht einen Augenblick sahen sie in der Anrufung des Namens einen Ersatz für die Sakramente. Vielmehr gingen sie davon aus, daß jeder, der den Namen anruft, ein praktizierendes Mitglied der Kirche ist.

Heute jedoch, in einer Zeit rastloser Neugierde und kirchlicher Auflösung, gibt es tatsächlich viele, die das Jesus-Gebet beten, obwohl sie überhaupt nicht am Leben irgendeiner Kirche teilnehmen; oft haben sie nicht einmal einen klaren Glauben an den Herrn Jesus oder an irgend etwas anderes. Müssen wir diese verurteilen? Muß man ihnen verbieten, das Jesus-Gebet zu beten? Auf keinen Fall, solange sie aufrichtig nach der Quelle des Lebens suchen! Jesus hat niemanden verurteilt; nur die Heuchler! Dennoch müssen wir die Situation solcher Menschen als ungewöhnlich betrachten und ihnen die Bedeutung dieser Tatsache warnend vor Augen führen. Tun wir dies in aller Demut und im Bewußtsein unseres eigenen Unglaubens!

9. Vollendung des Weges

Es ist das Ziel des Jesus-Gebetes, so wie allen christlichen Betens, daß unser Beten mehr und mehr zu dem Gebet wird, das Jesus, der Hohepriester, in uns darbringt; auf daß unser Leben eins werde mit seinem Leben und unser Atem sich vereine mit dem göttlichen Odem, der das ganze Universum erhält.

Dieses letzte Ziel wird angemessen bezeichnet durch den patristischen Begriff der „theosis", der „Vergottung" oder „Vergöttlichung". Oder, um mit den Worten des Erzpriesters S. Bulgakov zu sprechen: „Der Name Jesu, der im Herzen des Menschen anwesend ist, verleiht ihm die Kraft zur Vergöttlichung."[44] „Das Wort ist Mensch geworden", sagt der hl. Athanasius, „auf daß wir Gott werden" (Über die Menschwerdung 54). Er, der seiner Natur nach Gott ist, nahm unsere Menschennatur an, damit wir Menschen durch die Gnade an seiner

Gottheit teilhaben, indem wir der „göttlichen Natur teilhaftig werden" (2 Petr 1, 4). Das Jesus-Gebet, das an den fleischgewordenen Logos gerichtet ist, ist ein Weg, um in uns dieses Geheimnis der „theosis" zu verwirklichen, wodurch der Mensch wahrhaft wieder zu Gottes Ebenbild wird.

Das Jesus-Gebet vereint uns mit Christus; dadurch hilft es uns, an dem gegenseitigen Einwohnen, der Perichorese, der drei göttlichen Personen teilzuhaben: Je mehr das Gebet Teil unserer selbst wird, desto tiefer gehen wir ein in die Bewegung der Liebe, die Vater, Sohn und Heiliger Geist einander ohne Unterlaß schenken. Über diese Liebe hat der hl. Isaak der Syrer sehr schön geschrieben:

„Die Liebe ist das Königreich, von dem unser Herr in Sinnbildern sprach, als er den Jüngern verheißen hat, daß sie in seinem Reich zu Tische sitzen werden: ‚Ihr werdet an der Tafel meines Königreiches essen und trinken.' Was sollten sie essen, wenn nicht Liebe? Wenn wir die Liebe erreicht haben, haben wir Gott erreicht, und unser Weg ist am Ziel: Wir sind hinübergegangen zu jener Insel, die jenseits dieser Welt liegt, wo der Vater mit dem Sohn und dem Heiligen Geist ist: Ihm sei Ehre und Herrschaft!"[45]

In der hesychastischen Überlieferung wird das Geheimnis der „theosis" meist im Bild einer Lichtvision dargestellt. Dieses Licht, das die Heiligen im Gebet empfingen, ist weder ein symbolisches Licht des Intellektes noch ein körperhaftes und geschaffenes Licht der Sinne. Es ist nichts weniger als das göttliche und ungeschaffene Licht der Gottheit, das von Christus bei seiner Verklärung auf dem Berg Tabor ausstrahlte und das bei seiner zweiten Ankunft am Jüngsten Tag die ganze Welt erhellen wird. Der folgende Abschnitt sagt uns etwas über dieses göttliche Licht. Er ist den Werken des hl. Gregor Palamas entnommen. Er beschreibt die Vision des Apostels Paulus, als dieser bis in den dritten Himmel entrückt wurde (2 Kor 12,2–4):

„Paulus sah ein Licht, das weder nach unten noch nach oben und auch nicht nach den Seiten begrenzt war; er sah überhaupt keine Begrenzung für das Licht, das ihm erschien und um ihn strahlte, sondern dieses Licht war wie eine Sonne, unendlich heller und weiter als das ganze Universum; und in der Mitte dieser

Sonne stand er selbst – ganz Auge geworden."[46]

Dieser visionär erfaßten Herrlichkeit können wir uns durch die Anrufung des Namens nähern. Das Jesus-Gebet läßt den Glanz der Verklärung in jedem Bereich unseres Lebens aufstrahlen. Auf den anonymen Verfasser der „Aufrichtigen Erzählungen eines russischen Pilgers" hatte die ständige Wiederholung eine zweifache Wirkung: Zunächst veränderte sie seine Beziehung zu der dinglichen Schöpfung, die ihn umgab; alle Dinge wurden durchlässig, alles wurde zu einem Sakrament der Gegenwart Gottes. Er schreibt: „Wenn ich mit dem Herzen zu beten begann, so stellte sich mir die ganze Umgebung in entzückender Gestalt dar: die Bäume, die Gräser, die Vögel, die Erde, die Luft, das Licht, alles schien gleichsam zu mir zu sprechen, daß es für den Menschen da wäre, die Liebe Gottes zum Menschen bezeuge, und alles betete, alles war voller Lobpreisungen Gottes. Und da verstand ich, was in der ‚Tugendliebe' mit dem Wort gemeint ist: ‚Die Sprache der Kreatur verstehen' ... Mitunter fühlte ich flammende Liebe zu Jesus Christus und zu der ganzen Schöpfung Gottes."[47]

Vater Bulgakov sagt dazu folgendes: „Das
Licht des Namens Jesu strahlt durch das Herz
und erleuchtet so das ganze Universum."[48] Fer-
ner veränderte das Gebet nicht nur die Beziehung des Pilgers zu den dinglichen Geschöp-
fen; auch die anderen Menschen erscheinen in
einem neuen Licht: „Und wieder begann ich
von Ort zu Ort zu pilgern. Indessen wanderte
ich nicht mehr wie früher von meiner Not ge-
plagt; das Anrufen des Namens Jesu Christi er-
freute mich unterwegs, und alle Menschen wa-
ren gütiger zu mir. Es war so, als hätten mich
alle liebgewonnen ... Wenn mich jemand be-
leidigt, so denke ich nur daran, wie süß das Jesus-Gebet ist; sogleich ist die Kränkung und
aller Zorn geschwunden, und ich habe alles
vergessen."[49]

„Was ihr einem dieser meiner geringsten
Brüder getan habt, das habt ihr mir getan" (Mt
25, 40). Das Jesus-Gebet hilft uns, Christus in
allen Menschen zu erkennen und alle Menschen in Christus zu sehen. Deshalb hat das
Jesus-Gebet mit Weltflucht oder Weltvernei-
nung nichts zu tun. Im Gegenteil, es ist eine
Form äußerster Lebensbejahung. Das Jesus-
Gebet enthält keine Ablehnung gegenüber Got-

tes Schöpfung; es zeigt vielmehr eine höchste Wertschätzung für alle Menschen und Dinge in Gott. Etwa so, wie Nadejda Gorodetzky sagt: „Wir können diesen Namen über Menschen, Bücher und Blumen sprechen, über alles, was uns begegnet, was wir sehen oder auch denken ... Der Name Jesu kann ein mystischer Schlüssel zu dieser Welt werden, ein Instrument der verborgenen Darbringung aller Dinge und Menschen; denn er drückt der Welt das göttliche Siegel auf. Man könnte hier von einem Priestertum aller Gläubigen sprechen. In Einheit mit unserem Hohenpriester flehen wir um den Heiligen Geist: ‚Mach mein Gebet zu einem Sakrament.‘ "[50]

„Gebet ist Tat; wer betet, ist im höchsten Maße aktiv."[51] Von keinem Gebet gilt das mehr als vom Jesus-Gebet. Wenn es auch eigens auserwählt wurde, im Ritus der monastischen Profeß als ein Gebet für Mönche und Nonnen[52] genannt zu werden, so ist es doch gleichermaßen ein Gebet für Laien, für Eheleute, für Ärzte und Psychiater, für Sozialarbeiter und für Busfahrer. Die richtig praktizierte Anrufung des Namens führt jeden tiefer an seine Arbeit heran; jeder wird tüchtiger in seinem Handeln und dabei nicht isoliert von den anderen, sondern mit ihnen verbunden. Er wird feinfühliger für ihre Ängste und Sorgen, so wie niemals zuvor. Das Jesus-Gebet macht jeden zu einem „Menschen für andere", zu einem lebendigen Werkzeug für den Frieden Gottes, zu einem schöpferischen Ort der Versöhnung.

ZWEITER TEIL

Das Jesus-Gebet
in der geistigen Situation
unserer Zeit

VON EMMANUEL JUNGCLAUSSEN

1. Wer ist Kallistos Ware?

Für den Leser dieses Buches ist es – auch im Rahmen der nachfolgenden Ausführungen – nicht unwichtig, etwas über Kallistos Ware zu erfahren. Handelt es sich doch bei ihm um einen orthodoxen Bischof und Theologen, der mit beiden Traditionen des Christentums, der morgenländischen und der abendländischen, tief vertraut ist; mit der einen durch Geburt, mit der anderen durch Wahl. Das befähigt ihn in hohem Maße dazu, die orthodoxe Überlieferung den Christen des Westens nahezubringen und ihre Gegenwartsbedeutung zu erschließen. Aus dem Anhang zur neugriechischen Ausgabe des vorliegenden Werkes „Die Macht des Namens" können wir folgendes entnehmen (mit kleinen Ergänzungen auf Grund persönlicher Kontakte zu Bischof Kallistos):

Bischof Kallistos Ware (Timothy Ware) wurde 1934 in England geboren. Er studierte an der Universität Oxford von 1952–1958 Griechisch und Latein, Philosophie und Theologie.

Er promovierte 1965 mit einer Dissertation über Markos Eremites, einen griechischen Mönchsvater des 5. Jahrhunderts.

Der Abstammung nach Engländer – und zwar von beiden Eltern her –, wurde er ursprünglich in der Überlieferung der anglikanischen Kirche erzogen. 1952, zu Beginn seiner Studentenzeit, kam er erstmals mit der Orthodoxie in Berührung. Damals begann er an der orthodoxen Liturgie teilzunehmen, und zwar in den griechischen und russischen Kirchen Londons.

Was ihn zur Orthodoxie hinzog, war die Göttliche Liturgie und die Überlieferung der orthodoxen mystischen Theologie, insbesondere aber die Art und Weise, wie in der orthodoxen Kirche Theologie und Gebet ein einheitliches Ganzes bilden.

Nachdem Timothy Ware noch sechs Jahre gewartet hatte, wurde er Ostern 1958 in der griechischen Metropolie in London in die orthodoxe Kirche aufgenommen. Bei seiner Weihe zum Diakon 1965 nahm er den Namen Kallistos an. 1966 wurde er Priester und zur selben Zeit auch Mönch im Kloster des hl. Johannes des Theologen auf der Insel Patmos.

Im Herbst des gleichen Jahres kehrte er
nach Oxford zurück und übernahm dort als
Priester die Leitung der griechischen Gemeinde. Gleichzeitig wurde er zum Dozenten
für „Ostkirchliche Studien" an der Universität
Oxford berufen. 1970 wurde er Mitglied des
Pembroke-College, Pfingsten 1982 (6. Juni
nach orthodoxem Kalender) wurde Kallistos
Ware zum Auxiliarbischof der griechisch-or-
thodoxen Erzdiözese von Großbritannien ge-
weiht. –

Die Vorlesungen Kallistos Wares an der
Universität behandeln hauptsächlich christo-
logische Fragen, wie sie sich bei den griechischen Vätern stellen, fernerhin die Geschichte
des orthodoxen Mönchtums, wie auch die mystische Theologie der Ostkirche mit besonderer
Berücksichtigung Simeons des Neuen Theologen und Gregor Palamas'. Dazu kommen zahlreiche auswärtige Konferenzen und Seminare.

Sein schriftstellerisches Werk umfaßt folgende Bücher: „Die orthodoxe Kirche" (1963).
Es stellt eine allgemeine Einführung in Geschichte, Dogma und Kult der orthodoxen Kirche dar, hauptsächlich bestimmt für nichtor-
thodoxe Leser (insgesamt wurden 100 000

Exemplare von der englischen Ausgabe und von deren französischer Übersetzung verkauft). 1969 erschien „Eustratios Argentis", eine Abhandlung über Leben und Wirken eines Theologen von der Insel Chios aus dem 18. Jahrhundert; 1979 „Der Orthodoxe Weg" (The Orthodox Way), eine Darstellung orthodoxen Glaubens und Betens auf der Grundlage der Väter und der liturgischen Bücher und damit zugleich eine Einführung in die orthodoxe Spiritualität.

In Zusammenarbeit mit anderen müht er sich um die Übersetzung der griechischen liturgischen Bücher ins Englische. Ein Band mit den Hauptfesten der Menäen erschien bereits 1969, ein Band über die Fastenzeit 1978. Mit anderen englischen Orthodoxen arbeitet er gleichzeitig an einer vollständigen Übersetzung der „Philokalie" ins Englische (in 5 Bänden). Der 1. Band erschien 1979. Zu erwähnen sind noch die Artikel von Bischof Kallistos, die er in den verschiedensten Zeitschriften veröffentlicht hat, einen davon auch deutschsprachig (vgl. Anmerkung 56). Das vorliegende Bändchen „Die Macht des Namens" fußt auf zahlreichen Vorträgen, die Kallistos Ware in

England und in den Vereinigten Staaten hielt, und zwar als Antwort auf Anfragen von Orthodoxen und Nicht-Orthodoxen. In diesem knappen und dabei sehr klar geschriebenen Text, wie auch in all seinen anderen Büchern, will Bischof Kallistos sich auf der einen Seite streng an die orthodoxe Überlieferung halten, diese aber auf der anderen Seite so darstellen, daß sie den heutigen Christen im Westen wie auch im Osten verständlich und zugänglich wird.

2. Franny und Zooey oder das Jesus-Gebet und die „Wege"

Die Kennzeichnung des Anliegens von Bischof Kallistos, mit der das vorausgehende Kapitel schloß, dürfen wir vielleicht ein wenig ausweiten: „Die orthodoxe Überlieferung so darstellen, daß sie den suchenden Menschen im Westen wie im Osten verständlich und zugänglich wird." Es ist nämlich eine eigentümliche Tatsache, daß es oft nicht einfachhin Christen sind, die um eine tiefere Begegnung mit der orthodoxen Überlieferung und vor allem mit dem Jesus-Gebet bemüht sind – sofern sie eine erste Kenntnis davon erhalten haben (meist durch die „Aufrichtigen Erzählungen eines russischen Pilgers") –, nein, es handelt sich nicht selten um Menschen, die in ihrer angestammten Religion, dem Christentum in seiner abendländischen Ausprägung (Katholizismus und Protestantismus), nicht mehr einen wirklich spirituellen Weg zu erkennen vermögen. Sie sind seiner überdrüssig und müde geworden, da dieses Christentum weithin nur noch „predigt", d. h. informiert und moralisiert, jedoch immer weniger eigentliche religiöse Erfahrung vermittelt, weil in ihm lebendiger Kult und Führung zur Kontemplation nicht mehr leicht zu finden sind. Diese allein vermögen den Menschen in seiner Tiefe zu erwecken, jenseits von nur intellektuellen Bemühungen und eines von Hektik gezeichneten Aktivismus, die beide jedoch auf die Dauer die tiefste Not des heutigen Menschen nicht verdecken können, nämlich seine Not, nicht beten zu können. Danach aber sehnt sich der Mensch in dieser seiner „Tiefe", auch der heutige, zumindest unausgesprochen oder sogar unbewußt.

Unsere Leistungs- und Konsumgesellschaft, die auf der einen Seite mit Bestürzung der „Grenzen des Wachstums" und der ökologischen Krise unseres technokratischen Zeitalters inne wird, auf der anderen Seite aber mit ihren Zwängen und klischeehaften Lebensformen ein ursprüngliches Leben und Erleben aus der Mitte der Persönlichkeit und damit auch religiöse Erfahrung fast unmöglich zu machen scheint – diese Gesellschaft weckt in steigendem Maße in den ihr verhafteten Menschen

das Gefühl einer sich immer weiter ausbreiten-
den Sinnentleerung ihres Lebens. Resignation
und Angst vor der Zukunft – verbunden mit der
Erfahrung eigenen Scheiterns und eigener
Schuld, wenn auch oft uneingestanden und
kompensiert durch Imagepflege und Verbesserung der äußeren Lebensqualität oder auch
durch Droge und Alkohol: all das ruft nach der
Frohbotschaft einer umfassenden Befreiung,
die sich aber viele vom abendländischen Christentum kaum mehr wirksam erhoffen.

So fangen denn viele Menschen unserer
Tage – nicht nur Jugendliche – an, in einem
viel größeren Umfang, als man gewöhnlich
meint, nach einem inneren Weg und einer
neuen Sinnerfahrung zu suchen. Sofern sie
sich nicht sofort außerchristlichen Wegen, wie
sie in Indien oder Japan gelehrt werden, bzw.
deren verwestlichten Dekadenzformen zuwenden, kann es unter Umständen auch die Ostkirche bzw. das Jesus-Gebet sein, die für westliche Christen – ganz gleich, wie weit sie sich
selbst noch als solche verstehen – ein Neu-
heitserlebnis darstellen, das in ihnen die Hoffnung nach einem für sie gangbaren inneren
Weg weckt. Dieser Tatbestand hat als ganzer

schon früh, nämlich 1955, in einem bekannten
Werk amerikanischer Gegenwartsliteratur seinen Niederschlag gefunden, und zwar in J. D.
Salingers „Franny und Zooey" (letzte Auflage
als Rowohlt-Taschenbuch 1981). Bischof Kallistos verweist kurz auf dieses Werk. Es enthält
einige wichtige, wenn auch literarisch ver-
schlüsselte Andeutungen über die mögliche
Rolle des Jesus-Gebetes wie auch der übrigen
spirituellen Wege in der geistigen Situation
unserer Zeit. Zugleich aber bietet es auch Hinweise auf Mißverständnisse und Fehlhaltungen in der Einschätzung und praktischen Aus-
übung solcher Wege.

Da ist als erstes die Gleichartigkeit und damit auch Gleichwertigkeit aller spirituellen
Wege, die von Franny, der Studentin, ganz
selbstverständlich behauptet wird; eine Selbst-
verständlichkeit, die einerseits eine gewisse
Vertrautheit mit den spirituellen Wegen zeigt,
andererseits aber auch Ahnungslosigkeit über
deren eigentliche Bedeutung.

„Also, ich sagte ja schon, der Pilger – dieser einfache Bauer geht auf Pilgerschaft, nur um herauszu-
finden, was das bedeutet, wenn in der Bibel steht,
man soll ohne Unterlaß beten. Und dann trifft er

diesen Starez – diesen sehr frommen Menschen, den ich schon erwähnte, der Jahre um Jahre die ‚Philokalia‘ studiert hat ... Nun, der Starez berichtet ihm von dem Jesusgebet: ‚Herr Jesus Christus, erbarme dich meiner.‘ Weißt du, das ist alles. Und er erklärt ihm, daß diese Worte für ein Gebet die besten Worte sind, besonders das Wort Erbarmen, weil es so ein wirklich unermeßlich großes Wort ist und so vieles bedeuten kann, ich meine, es braucht nicht nur Erbarmen zu bedeuten ...

Also der Starez sagt dem Pilger, wenn man dieses Gebet immer und immer wieder spricht – zunächst braucht man es nur mit den Lippen zu sprechen –, dann passiert es mit einemmal, daß das Gebet selbsttätig wird. Es passiert nach einer bestimmten Zeit etwas. Was passiert, weiß man nicht, aber es passiert etwas, und die Worte werden mit den Herzschlägen des Betenden synchronisiert, und dann betet er plötzlich ohne Unterlaß, und das hat eine wirklich verblüffende mystische Wirkung auf die ganze Persönlichkeit ...

Aber das Eigentliche, das wirklich Großartige ist, daß du, wenn du damit anfängst, nicht einmal an das, was du tust, zu glauben brauchst ...

Oder anders ausgedrückt, niemand verlangt von dir, daß du auch nur ein Wort glaubst, wenn du damit anfängst. Der Starez sagt, man braucht nicht einmal über das, was man sagt, nachzudenken. Was man am Anfang braucht, ist nur Quantität, und später wird es von selbst Qualität. Durch eigene Kraft oder so. Der Starez sagt, daß jeder Name Gottes – jeder Name überhaupt – seine ganz besondere, selbsttätige Kraft aus sich selbst hat, und diese Kraft fängt an zu wirken, sobald du sie in Bewegung gesetzt hast ...

Und das ist tatsächlich sinnvoll, denn in der buddhistischen Sekte der ‚Nembutsu' sagen die Leute immer und immer wieder dauernd: ‚Namo, Amida, Butsu' – das bedeutet: ‚Gepriesen sei Buddha', oder so etwas Ähnliches –, und es passiert genau das Gleiche, ganz genau das Gleiche ... das Gleiche passiert auch in der ‚Wolke des Nichtwissens' mit dem Wort Gott, man spricht einfach nur immer das Wort Gott ...

Es ist ein äußerst merkwürdiges Zusammentreffen, wenn du immer auf denselben Rat stößt – ich finde, alle diese wirklich sehr frommen und vollkommen ehrlichen Menschen, die dir sagen, es passiert etwas, wenn du den Namen Gottes unaufhörlich aussprichst, sogar in Indien. In Indien sagen sie, man soll über das ‚Om' meditieren, das bedeutet dasselbe, wirklich dasselbe, und es soll dasselbe Ergebnis haben."

Auf die Frage ihres Freundes Lane, was denn nun das Ergebnis, das Resultat des Ganzen sei, antwortet Franny folgendermaßen:

„Du bekommst Gott zu sehen, in einem vollkommen unkörperlichen Winkel deines Herzens – dort, wo, wie die Hindus sagen, Atman seinen Wohnsitz hat, wie du wissen müßtest, wenn du je Religion gehört hast – dort passiert etwas, und du siehst Gott, das ist es ... und nun frag mich bitte nicht, wer oder was Gott ist. Ich weiß nicht einmal, ob es ihn gibt. Als ich klein war, glaubte ich ..." (S. 27–28).

Es ist nicht schwer, in Frannys Worten noch eine weitere Eigenart vieler heutiger Sinn-Sucher wiederzuerkennen: nämlich deren Faszination durch das Zauberwort „Erfahrung", eben daß „etwas passiert". Diese Haltung soll nicht einfach abgetan werden, sondern sie ist vielmehr auf ihre Ernsthaftigkeit zu befragen, und versteckte Fehlhaltungen sind aufzudecken, so wie Salinger es Zooey versuchen läßt in dessen langen Gesprächen mit seiner Schwester Franny:

„Ich begreife nicht, wie du zu einem Jesus beten kannst, den du gar nicht verstehst ... Wenn du schon das Jesusgebet sprichst, sprich es wenigstens zu Jesus und nicht zum heiligen Franziskus, Seymour [einem älteren Bruder Frannys, der Selbstmord beging] und Heidis Großvater [nach Johanna Spyri], die du dir zu einem Bündel zusammengeschnürt hast. Denk an ihn, wenn du es sagst, an ihn allein, an ihn, wie er wirklich war, und nicht wie du gern hättest, daß er gewesen wäre. Du stellst dich den Tatsachen nicht, und es ist hauptsächlich diese verfluchte Gewohnheit, dich den Tatsachen nicht zu stellen, die dich in diesen Zustand vollkommener geistiger Verwirrung gebracht hat, und wenn

du diese Haltung nicht aufgibst, kommst du nicht
wieder aus dieser Verwirrung raus ...

Ich kann einfach nicht einsehen, warum jemand
– der weder ein Kind noch ein Engel, noch ein Un-
schuldiger wie der Pilger ist – auch nur den Wunsch
haben kann, dieses Gebet zu einem Jesus zu sprechen, der sich auch nur um einen Hauch von dem
Jesus unterscheidet, wie er im Neuen Testament in
Erscheinung tritt und sich ausdrückt ...

Wenn du Jesus nicht genau als den siehst, der er
wirklich war, dann geht dir der Sinn des Jesus-Gebetes vollkommen verloren. Du kommst einfach gar
nicht an das Gebet heran; du nimmst nur an einer
Art organisierter Heuchelei teil ...

Das Jesus-Gebet hat einen Zweck und nur den
einen, die Person, die es spricht, mit Christus-Be-
wußtsein auszustatten und nicht ein kosiges klei-
nes ‚Herr, ich danke dir, daß ich nicht so bin wie die
anderen'-Eckchen zu schaffen, wo man sein Stell-
dichein mit einer klebrigen, anbetungswürdigen,
göttlichen Persönlichkeit hat, die einen in ihre Arme
schließt, von allen Pflichten entbindet und dafür
sorgt, daß all der häßliche Weltschmerz und alle
Professor Tuppers von dannen gehen und nicht
mehr zurückkommen" (S. 104/106).

Diese ausführliche Zitation aus „Franny und
Zooey" schien gerechtfertigt, weil es Salinger in
erstaunlichem Maße gelingt, nicht nur bestimmte Fehlhaltungen des heutigen Menschen

gegenüber dem Jesus-Gebet und anderen spirituellen Wegen aufzudecken, sondern sie auch in etwa (in den Worten Zooeys) zu korrigieren.

Bischof Kallistos läßt selbst den religionsgeschichtlichen Vergleich der spirituellen Wege anklingen: Er nennt einmal in der Frage der inneren Sammlung den indischen Weisen Ramakrishna (1836–1886), zum anderen spricht er von den möglichen Beziehungen zwischen Hindu-Yoga, dem Dhikr der Sufis und dem Jesus-Gebet.

Von Ramakrishna ist uns übrigens ein Wort überliefert, das – auf das Jesus-Gebet übertragen – geeignet ist, dessen Bedeutung für unsere Zeit zu unterstreichen: „Wer in unserer Zeit die vom Irrtum geschmiedeten Fesseln abstreifen will, soll unaufhörlich den heiligen Namen Gottes wiederholen und gleichzeitig seine Gedanken auf Gott richten. – Wer den inbrünstigen Glauben an die Macht des heiligen Gottesnamens in seinem Herzen trägt und den Namen Tag und Nacht wiederholt, bedarf keiner geistlichen Übungen mehr. Er überwindet alle Zweifel, sein Herz wird rein, und er erkennt den Herrn durch die Macht seines heiligen Namens."[53]

Was sonst in diesem Zusammenhang über Entsprechung und Beziehung zwischen den verschiedenen „Wegen" gesagt werden könnte, erscheint eher geeignet, vom Eigentlichen abzulenken; denn der verobjektivierende Vergleich hindert mich eher, als daß er mir hilft, meinen Weg als Weg der beständigen Anrufung der göttlichen Person Jesu Christi, und zwar als Weg der Übereignung meiner Person an ihn (in eben diesem Anruf), mit der erforderlichen Entschiedenheit zu gehen, das heißt, ohne unnötig nach rechts oder nach links zu schauen!

Nur ein wirklich Erfahrener kann einige behutsame Hinweise über die innere Zuordnung der Wege geben, wie es zum Beispiel der Benediktiner Henri Le Saux (Swami Abishiktananda) tut, wenn er in seinem Buch „Die Gegenwart Gottes erfahren" auf das Gebet des Namens zu sprechen kommt[54].

Der Christ selbst kann das unauslotbare Geheimnis, in das – wie er vertraut – letztlich alle Wege münden, nur „Christus" nennen. Dabei darf nicht übersehen werden, daß der Europäer, mag er auch meinen, vom Christentum – aus was für Gründen auch immer – Abschied

genommen zu haben, viel tiefer, als er sich bewußt ist, im christlichen Erbe und damit auch
in Jesus Christus selbst verwurzelt ist. Darum
erinnern die wahrhaft großen Meister des
nichtchristlichen Ostens den Europäer gern an
dieses sein Erbe und versuchen, ihn daran zu-
rückzubinden, sofern sich dem Europäer nicht
schon von selbst die Frage seiner eigenen ursprünglichen spirituellen Beheimatung stellt –
gerade wenn er einen außerchristlichen Weg
ernsthaft zu gehen versucht hat.

Vielleicht ist es ein Sinnbild, daß für den eu-
ropäischen „Sucher des Weges" der Landweg
nach Indien und Japan hin und zurück durch
Länder der orthodoxen Christenheit führen
würde ... Diese könnte dem Abendländer möglicherweise eine Wiederbegegnung mit dem
ihm eigenen christlichen Erbe gerade durch
das Jesus-Gebet vermitteln!

Wie nun dieser Weg des Jesus-Gebetes sich
über mehr als ein Jahrtausend in den Ländern
der orthodoxen Christenheit entfaltet und be-
währt hat, in welche lebendige Überlieferung
und welchen Reichtum der Beter von heute
hier einzutreten vermag, soll im Folgenden
kurz dargestellt werden.

3. Das Jesus-Gebet
durch die Jahrhunderte

Bischof Kallistos bietet uns mit den zahlreichen Namen geistlicher Schriftsteller, die in den verschiedensten Jahrhunderten gelebt haben, einige Orientierungspunkte für die folgenden Darlegungen. Diese sind bewußt etwas vereinfachend gehalten, um einen ersten Durchblick zu ermöglichen.

Die Ausführungen von Bischof Kallistos über die Rolle des Namens im Alten wie im Neuen Testament bilden dazu Grundlage und Ausgangspunkt. Wir dürfen – als einen weiteren wichtigen Aspekt – hinzufügen, daß gerade die Evangelien uns von kurzen Stoßgebeten berichten, die später in ähnlicher Form gern von den Mönchen benutzt wurden, um durch deren dauernde Wiederholung beständig an Gott denken, d. h. beständig beten zu können: so z. B. das Gebet des Zöllners: „Gott, sei mir Sünder gnädig" (Lk 18,9–14) oder das Gebet des Blinden am Wege: „Jesus, Sohn Davids, erbarme dich meiner" (Lk 18,38). Eine ähnliche Rolle spielten übrigens auch einzelne Psalmverse, vor allem der Vers aus Psalm 69 „O Gott, komm mir zu Hilfe, Herr, eile, mir zu helfen." Diese Art von Gebet wurden von den Mönchen auch Ein-Wort-Gebete genannt[55].

Wenn Bischof Kallistos des weiteren den „Hirt des Hermas" zitiert, eine Schrift aus der ersten Hälfte des zweiten nachchristlichen Jahrhunderts, die uns unter anderem wichtige Aufschlüsse über die damalige Bußpraxis in der christlichen Gemeinde gibt, dann nennt er mit dieser Schrift einen frühen nachapostolischen Zeugen der Verehrung des Namens Jesu, die sich dann in der orthodoxen Frömmigkeit durch die Jahrhunderte hin entfalten wird, so daß später an die Stelle der eben genannten Stoßgebete das Jesus-Gebet im eigentlichen Sinne treten wird. Letzter bedeutender Zeuge dieser Verehrung des Namens Jesu ist der große russische Theologe Sergej Bulgakov (1871–1944), der nach seiner Emigration aus Rußland von Beginn der zwanziger Jahre bis zu seinem Tode an dem russisch-orthodoxen theologischen Institut St-Serge in Paris wirkte, wo nach ihm auch Paul Evdokimov (1901–1970) lehrte.

Wie in allen Religionen die Ausbildung einer intensiven Praxis des Gebetes und der Meditation mit der Entwicklung des Mönchtums Hand in Hand geht, so auch im Christentum. In Ägypten, wo wir die Anfänge des christlichen Mönchtums zu suchen haben, finden wir auch erste genaue Darlegungen über das Gebet. Der erste Mönch, der im Anschluß an den großen Theologen Origenes († 254) über das Gebet geschrieben hat, war Euagrios Pontikos († 399). Wenn er auch noch nicht das Jesus-Gebet als solches darstellt, so bildet doch seine Lehre vom „reinen Gebet", das heißt vom gedanken- und bildfreien Beten, eine der Grundlagen für die spätere Lehre vom Jesus-Gebet. Ähnliches gilt auch von dem in etwa zeitgenössischen Verfasser der sogenannten Makarios-Homilien. Es handelt sich hier um fünfzig geistliche Ansprachen eines nicht näher zu identifizierenden Makarios, der möglicherweise ebenfalls in Ägypten, vielleicht aber auch in Syrien oder Palästina zu suchen ist. Die Betonung der Rolle des Herzens in diesen Ansprachen bildet wiederum eine Grundlage für das Jesus-Gebet, das eben deshalb ja auch Herzensgebet genannt wird. Im Zusammenhang mit dem reinen Gebet und der Rolle des Herzens muß noch ein dritter Begriff genannt werden, der immer wiederkehren wird, nämlich die „Hesychia", ein griechisches Wort, welches Ruhe, Schweigen, Abgeschiedenheit und Stille bedeuten kann, zunächst in einem äußeren Sinn, dann aber vor allem innerlich! Diese Hesychia kennzeichnet den Weg des orthodoxen Mönches, um sich ganz in Gott zu versenken, ja sie ist die mystische Versenkung selbst. So nennt man auch die ganze Bewegung, die im ägyptischen Mönchtum ihren Anfang nimmt, den Hesychasmus. Und der Mönch, der die Versenkung in Gott sucht bzw. gefunden hat, ist der Hesychast[56].

Die so gekennzeichneten Ursprünge des Jesus-Gebetes werden weiter verbreitet und bekannt gemacht durch Männer des Geistes wie Diadochos, dem Bischof von Photike im Alt-Epirus, und Markos Eremites, einem Mönch in Galatien (Kleinasien). Beide lebten in der ersten Hälfte des 5. Jahrhunderts.

Ein Jahrhundert später wird in Gaza (Südpalästina) durch die beiden etwa zur gleichen Zeit lebenden Schweigemönche, den hl. Barsanuphios († um 540) und den hl. Johannes den Propheten, sowie durch deren Schüler, den Abt Dorotheos, der seinerseits Lehrer und zugleich Biograph des Dositheos war, erstmals die heutige Formulierung des Jesus-Gebetes in einer schriftlichen Quelle, nämlich in der Lebensbeschreibung des Dositheos, historisch greifbar: „Herr Jesus Christus, erbarme dich meiner."

Wiederum ein Jahrhundert später tritt uns am Berge Sinai, dort, wo Gott einst dem Mose das Geheimnis seines Namens geoffenbart hatte, ein Mönch entgegen, der mit seinem Buch „Die Leiter (griechisch: Klimax) zum Paradies" wohl zum meistgelesenen Autor innerhalb der hesychastischen und überhaupt orthodoxen monastischen Frömmigkeit wird, nämlich Johannes Klimakos († 649). Ihm folgt eine Reihe geistlicher Meister aus der klösterlichen Landschaft des Sinai, die für eine weitere methodische Ausgestaltung des Jesus-Gebetes wichtig werden: der Abt Hesychios (7.–8. Jh.), Philotheos vom Sinai (9.–10. Jh.) und schließlich Gregor vom Sinai (1255–1346), der von dort über Kreta zum Berg Athos zog und von dort weiter bis nach Bulgarien. Ihm hat Bischof Kallistos eine eigene Arbeit gewidmet (vgl. Anmerkung 3). Von diesen Meistern wird besonders die Verbindung des Jesus-Gebetes mit der inneren Achtsamkeit, der geistlichen Nüchternheit, der „Bewahrung des Herzens", wie sie es nennen, betont. Wenn wir den Sinai mit Ägypten und Gaza als eine geographische Einheit ansehen, dann kennzeichnet diese die erste große Phase der Entwicklung des Jesus-Gebetes, die mit Gregor vom Sinai zum endgültigen Abschluß kommt.

Der geographische Begriff „Athos" kennzeichnet nun die zweite große Phase der Geschichte des Jesus-Gebetes, die freilich schon vor Gregor vom Sinai beginnt, aber mit dem etwa zur gleichen Zeit lebenden Gregor Palamas (1296–1359) ihren Höhepunkt findet. Männer wie der Mönch Nikephoros (zweite Hälfte des 13. Jh.) oder wie der Verfasser der berühmten „Methode für das heilige Gebet und Achtsamkeit" (Pseudo-Simeon der Neue Theologe) hatten schon vor ihm über die psycho-physische Methode des Jesus-Gebetes geschrieben. Aber Gregor Palamas, der spätere Erzbischof von Thessalonich, tritt auf Grund seiner Auseinandersetzung mit dem Mönch Barlaam aus Kalabrien in das grelle Licht der kirchlichen Öffentlichkeit, um die Gebetsweise der Hesychasten und die damit verbundenen mystischen Erfahrungen leidenschaftlich zu verteidigen. Nach manchem Hin und Her erlangt er die kirchliche Bestätigung für seine Anschauungen und wird dadurch zu einer Art Symbol des orthodoxen theologischen Denkens gegenüber dem abendländischen theologischen Denken.

Eine Art Zusammenfassung und Synthese der athonitischen Periode des Jesus-Gebetes bildet die „Zenturie" des Kallistos und Ignatios Xanthopulos, die gegen das Jahr 1400 entstand. Die sogenannte Hundert-Sprüche-Lehre (Zenturie) ist ein Lehrtext, der in etwa hundert kürzere oder längere Einzelsprüche gegliedert ist, um ihn dadurch einprägsam zu machen. Die „Zenturie" war eine im Hesychasmus sehr beliebte Gattung der geistlichen Literatur. Euagrios Pontikos benützte sie als erster, nach ihm die meisten Schriftsteller des Hesychasmus. (Sie findet sich im Abendland noch bei Heinrich Seuse im 47. Kap. seiner Vita.) In der „Zenturie" des Kallistos und Ignatios wird übrigens ein geistlicher Schriftsteller sehr reichlich zitiert, der heute noch zu den am meisten gelesenen und am höchsten geschätzten Meistern des inneren Lebens innerhalb der Orthodoxie gehört: Isaak der Syrer, Bischof von Ninive, ein nestorianischer Mönch arabischer Herkunft aus dem 7. Jahrhundert.

Die dritte Phase der Geschichte des Jesus-Gebetes ist geographisch mit dem Namen „Rußland" verknüpft. Es war vor allem der hl. Nil Sorskij (1433–1508), der das Jesus-Gebet nach Rußland brachte, nachdem er selbst eine Zeitlang auf dem Athos gelebt hatte. Die eigentliche Blütezeit des Jesus-Gebetes setzt aber erst mit dem ausgehenden 18. Jahrhundert ein und erstreckt sich, soweit feststellbar, bis ins 20. Jahrhundert. Das schönste Zeugnis dieser Blütezeit sind die berühmten „Aufrichtigen Erzählungen eines russischen Pilgers", deren erster Teil gegen 1874 in Kazan im Druck erschien. Die darin geschilderten Ereignisse lassen sich etwa in die Jahre zwischen 1853 und 1861 einordnen.

Wie kam es zu dieser Blütezeit? 1782 erschien in Venedig auf griechisch die sogenannte „Philokalie", ein Sammelband mit Texten von mehr als dreißig Schriftstellern des christlichen Ostens, und zwar aus dem 3.

bis 15. Jahrhundert, die sich alle in irgendeiner Weise mit dem Herzensgebet befassen. Diese „Philokalie" wurde herausgegeben vom Mönch Nikodemos vom Berge Athos (1749–1809), zusammen mit dem Bischof Makarios von Korinth (1731–1805).

1793 erschien eine kirchenslawische „Philokalie" aus der Feder des großen Erneuerers des Mönchwesens und Starzentums in Rumänien und Rußland, Paisij Velitschkowskij (1722–1794), die weithin eine Übersetzung der griechischen „Philokalie" darstellt. Paisij Velitschkowskijs vergebliches Bemühen, in seiner Zeit einen geistlichen Meister für den inneren Weg zu finden, drängte ihn, zusammen mit seinen Mönchen die schriftlichen Unterweisungen aus der Vergangenheit zu sammeln und zu übersetzen. (Seine Klöster in Rumänien zeichneten sich übrigens nicht nur durch diese literarische Tätigkeit aus, sondern ebenso auch durch ihre caritativen Bemühungen!)

Zwei russische Bischöfe, Ignatij Brianchaninov (1807–1867), erst Offizier, dann Mönch und Bischof, sowie Theophan Govorov (1815–1894), bekannt als Theophan der Klausner, weil er die letzten 28 Jahre seines Lebens als Mönch in völliger Zurückgezogenheit lebte, haben durch ihre Neubearbeitung der „Philokalie" (u. a. in russischer Sprache) so wie durch eigene Schriften außerordentlich zur Verbreitung des Jesus-Gebetes beigetragen und wertvolle Unterweisungen darüber gegeben. Beide stehen uns – gemessen an der langen Geschichte des Jesus-Gebetes – zeitlich recht nahe. Einer der geistlichen Lehrer Theophans des Klausners war übrigens der vom Bischof Kallistos erwähnte Starez Parthenij vom Kiewer Höhlenkloster (1790–1855). Theophans eigene Unterweisungen zum Herzensgebet, wie sie sich in seinen verschiedenen Schriften finden, wurden vom Igumen Chariton des berühmten Valamo-Klosters im Ladoga-See 1936 und 1938 (als das Kloster zu Finnland gehörte) zusammen mit anderen Texten meist russischer Meister in einem selbständigen Band herausgegeben. Bischof Kallistos gab davon 1966 eine englische Übersetzung heraus, das mehrfach zitierte Buch „The Art of Prayer". Eine deutsche Auswahl aus den russischen Originaltexten findet sich in dem Buch von Alla Selawry, „Das immerwährende Herzensgebet".

Seinen eigentlichen Weg ins Abendland trat das Jesus-Gebet jedoch schon durch die „Aufrichtigen Erzählungen eines russischen Pilgers" an, die 1925 erstmals in deutscher Sprache erschienen und dann in viele andere, nicht nur westliche, sondern sogar fernöstliche Sprachen übersetzt wurden. Ihm folgen später Bücher mit ausgewählten Texten der „Philokalie" und zahlreiche andere Schriften über das Herzensgebet. Zu deren bedeutendsten gehören zweifellos die Aufzeichnungen des russischen Starez Siluan, der 1938 im russischen Kloster St. Panteleimon auf dem Athos starb. Sie wurden durch seinen Schüler, den heute 86jährigen in England lebenden Archimandriten Sophronius, nach dem Zweiten Weltkrieg nach Paris gebracht und dort zusammen mit einer ausführlichen Lebensbeschreibung und Darstellung seiner geistlichen Lehre herausgegeben und fanden weite Verbreitung (vgl. Anmerkung 36).

Stehen wir damit in der vierten Phase der Geschichte des Jesus-Gebetes? Wird es eine neue Blütezeit geben, weil das Jesus-Gebet und die geistliche Weisheit des christlichen Ostens eine Antwort auf die Suche des heuti-

gen Menschen darstellt, sein Leben ganz neu
gestalten zu können? Wer werden die Vermittler sein?

Vieles wird davon abhängen, ob der Weg
des Jesus-Gebetes in der rechten Absicht be-
schritten wird, nämlich in der ausschließli-
chen Absicht, Christus zu gehorchen, um ihm
zu gehören, und nicht etwa, um etwas für sich
haben und geistlich „genießen" zu können mit
dem geheimen Wunsch, dadurch der Probleme
des Alltags enthoben zu sein.

4. Der rechte Beginn
oder das Geheimnis der Umkehr

„Dieser Christus also, der alle Erkenntnis und jegliches Begreifen übersteigt, der Unsagbare, der Unaussprechliche, der Unbeschreibliche, wollte wiederum dich zum Bilde Gottes machen; und mit diesem Plan wurde er auf Grund seiner Liebe zu den Menschen zum Abbild des unsichtbaren Gottes, so daß er mit der eigenen Gestalt, die er angenommen hatte, in dir Gestalt werden konnte, so daß also du wiederum durch ihn auf das Bild der Urschönheit hin gestaltet werden kannst; und so sollst du werden, was du von Anbeginn an warst."[57]

Diese Worte des hl. Gregor von Nyssa (334–394) aus seiner Schrift „Über die Vollkommenheit" sollen den Ausgangspunkt bilden für eine unmittelbare Hinführung zum Herzensgebet, und zwar im Blick auf die Schwierigkeiten für den rechten Beginn eines solchen inneren Weges gerade für den Menschen von heute. Bischof Kallistos deutet diese Schwierigkeiten an, wenn er auf Seite 66 vom Glauben spricht, auf dem das Jesus-Gebet letztlich basiert, sowie von dem dazu erforderlichen Eingebundensein in das sakramentale Leben der Kirche. Wir sahen ja bei Franny die fatalen Folgen einer gleichsam auf eigene Faust experimentierenden Praxis des Jesus-Gebetes. Gerade an ihr wird eine der Hauptschwierigkeiten unserer Tage deutlich, nämlich einen lebenden Meister, einen Starez zu finden.

Allerdings besteht diese Schwierigkeit nicht erst in unseren Tagen, schon Paisij Velitschkovskij und Ignatij Brianchaninov klagen über diese Schwierigkeit. Gerade aus diesem Grunde betont Bischof Brianchaninov die unbedingte Notwendigkeit, sich unmittelbar in die Weisungen Jesu, wie sie in den Evangelien niedergelegt sind, zu vertiefen, „bis sie Substanz unseres Geistes geworden sind"[58]. Nicht umsonst las z. B. der große russische Starez, der hl. Seraphim von Sarov (1754–1833), wöchentlich das ganze Neue Testament. Und der russische Pilger trägt beständig die Bibel bei sich. Sein zeitweiliger Begleiter, der Professor, erklärt ihm gerade anhand der Evangelien das Geheimnis des Gebetes: „Ohne das Evangelium ist es unmöglich, das gebührende Gebet zu erlernen"[59].

Bischof Kallistos macht sich für den Beginn des Weges die Worte des „Mönches der Ostkirche" zu eigen: „Fange einfach an. Um gehen zu lernen, muß man den ersten Schritt wagen, um schwimmen zu lernen, muß man sich ins Wasser stürzen, genauso ist es bei der Anrufung des Namens!" (Vgl. S. 24). Da jedoch zum Gehen und zum Schwimmen immer zwei Beine bzw. zwei Arme gehören, so muß man mit besonderem Nachdruck dem heutigen Menschen sagen, daß die gleiche Zeitspanne und die gleiche Intensität, die er als Anfänger auf die Übung des Jesus-Gebetes verwendet, er ebenso auch für die Lesung des Neuen Testamentes, zumal der Evangelien, aufbringen muß. Die Übung des Jesus-Gebetes und die Lesung des Neuen Testamentes sind die beiden Füße bzw. die beiden Arme, die den inneren Weg gehen bzw. das „andere Ufer" erreichen lassen"[60].

Darum sollte der Anfänger den heiligen Text des Neuen Testamentes gesammelt und in tiefer Ehrfurcht langsam, unter Umständen halblaut für sich lesen. Das kann in Verbindung

mit dem Jesus-Gebet, das heißt unmittelbar
vorher oder nachher, oder aber auch getrennt
davon zu einer anderen Zeit des Tages geschehen. Bei denjenigen Worten Christi (oder auch
der Apostel), die den Leser besonders anspre-
chen, sollte dieser länger verweilen, um sich
solche Worte nach Möglichkeit einzuprägen.
Dann kann er sie nach Belieben wiederholen,
wann immer er meint, dieses tun zu müssen,
um sein Herz mit positiven und hilfreichen Gedanken zu erfüllen. Im übrigen lese man die
Schriften des Neuen Testamentes der Reihe
nach und beginne nach Abschluß einfach wieder von vorne, es sei denn, daß eine bestimmte
Schrift für eine bestimmte Zeit oder für eine bestimmte Phase des inneren Lebens besonders
wichtig geworden ist.

Was ist der Sinn einer solchen regelmäßigen
und intensiven Lesung des Neuen Testamentes? Es ist einerseits das immer tiefere Vertraut-
werden mit Jesus Christus und seinen Geboten, andererseits wird dabei aber auch der Ab-
stand spürbar werden zwischen mir und der
Heiligkeit seiner Person; ich erfahre mein Zu-
rückbleiben hinter seinen Forderungen, d. h.
seinen Geboten, so wie sie im Evangelium von

ihm selbst ausgesprochen und verwirklicht werden. Das hat wiederum einen zweifachen Sinn: Einmal erkenne ich mich als Sünder und damit meine uneigentliche Daseinsweise, oder wie man heute gerne sagt: meine Nicht-Identität und Selbstentfremdung (daß ich nicht der bin, als der ich ursprünglich von Gott gemeint bin). Andererseits entdecke ich in der Heiligkeit Jesu Christi die Herrlichkeit Gottes, oder wie Gregor von Nyssa sagt: „Das Bild der Urschönheit", auf das hin ich in meinem tiefsten Wesen angelegt bin (‚das ich von Anfang an war'). In Sehnsucht nach dieser Urschönheit entbrannt und zugleich erschüttert durch die Häßlichkeit der mein wahres Wesen entstellenden Sünde, werde ich nun unter dem Eindruck der schmerzlichen Selbsterkenntnis, vor allem meines Mangels an wirklicher Liebe, nach der Umgestaltung in Christus verlangen. In dieser Umgestaltung liegt meine eigentliche Selbstverwirklichung beschlossen. Paradox ausgedrückt: Erst indem ich in der Liebe zu Christus – und zu den Brüdern – mich selbst überschreite (oder genauer: durch den Heiligen Geist mich überschreiten lasse), werde ich der, der ich bin. Hier rühren wir an das Geheimnis der Umkehr, der „Buße", d. h. der notwendigen „Besserung" meines Lebens (,Buße' hängt wortgeschichtlich mit ,Besserung' zusammen). Man dürfte auch vom „Geheimnis der Tränen" sprechen; denn die Erschütterung durch die schmerzliche Selbsterkenntnis wie auch durch das Betroffensein von der Liebe Gottes (verbunden mit der Sehnsucht nach ihm) kann sich – als besonderer Gnadenerweis des Heiligen Geistes – in Tränen ausdrücken, zunächst mehr innerlicher Art, dann aber auch sichtbar. Solche Tränen deuten auf die Tiefe dieses Geheimnisses zwischen Gott und der Menschenseele, das sich jeder verobjektivierenden Beschreibung entzieht. Der hl. Paulus deutet es an im 7. und 8. Kapitel seines Briefes an die Römer, und es wird bildhaft sichtbar in einigen Gestalten aus dem Evangelium, wie z. B. der Sünderin, die zu Füßen Jesu weint (Lk 7, 36–50), oder des reuigen Petrus (Lk 22, 54–62). Dazu bemerkt ein Athos-Mönch unserer Tage:

„Jesus verlangte nach dem Verrat von Petrus keine Rechenschaft. Er sagte einfach: ,Liebst du mich?' Wenn du diese Worte hörst und dich an deine Sünden erinnerst, wird die Quelle der Tränen in dir aufsprudeln.

Die Tränen sind eine Gabe Gottes, um dein Herz zu reinigen; sie sind die belebenden Wasser der Demut. Man darf sie nicht mit jenen Tränen verwechseln, die von unserer Empfindlichkeit oder von der üblen weltlichen Traurigkeit kommen. Die Leute in der Welt weinen, weil man ihnen dieses oder jenes vergängliche Ding gestohlen hat oder weil ihre Pläne sich nicht verwirklichen. Der Mönch weint, weil er wegen seiner Nachlässigkeit und seiner Sünden den Heiligen Geist verloren hat. Er weint auch, weil er sieht, wie sehr der Herr die Menschen liebt und wie verhärtet, unglücklich und ohne Liebe zu Gott und zum Nächsten die Menschen sind.

Christus hat über Jerusalem geweint. Wenn sein Herz in dir wohnt, wirst du für alle Menschen Tränen vergießen. Echt ist das Gebet, wenn man nicht weiß, daß man betet. In ähnlicher Weise sind jene Tränen echt, die man ohne jedes Wissen darum vergießt, wenn die Süßigkeit und die Majestät Gottes uns von allen Seiten durchdringen. Die geistlichen Tränen zerstören die irdischen Gedanken, sie bereiten das Herz auf die Schau Gottes vor.

Die Tränen haben die Macht, die in der

Taufe empfangene Gnade zu erneuern. ‚O glückliche Tränen, neue Taufe der Seele!' sagt Johannes Klimakos."[61]

Der auf diese Weise durch die Lesung des Neuen Testamentes eröffnete innere Weg der Umkehr führt also durch die schmerzliche Selbsterkenntnis hin zur Demut als der einzigen tragfähigen Basis des christlichen Weges. Er ermöglicht aber auch die erste wirkliche Erfahrung von Kontemplation, wo schon der Anfänger – frei von der Suche nach illusionären Gefühlen – zugleich mit seiner eigenen Sündhaftigkeit und Unvollkommenheit auch die Güte und Vollkommenheit Christi wahrnehmen, das heißt schauen darf. Die heilende Gegenwart Christi will sich gerade im Schmerz über die Sünde, das heißt in der Reue, offenbaren, um so den Übenden dann in Kraft dieser Reue[62] zu den erhabeneren Höhen der Kontemplation aufsteigen zu lassen: „Herr Jesus Christus, erbarme dich über mich Sünder!"

Eine sehr lebendige und zugleich einfache Hinführung zur inneren Umkehr findet sich übrigens in dem Abschnitt „Bekenntnis, das den inneren Menschen zur Demut führt" in den „Aufrichtigen Erzählungen eines russi-

schen Pilgers"[63]. Freilich stellt sich dann auch
die Frage nach dem möglichen Partner für ein
Beichtgespräch! Grundsätzlich läßt sich dazu
folgendes sagen: Wenn es auch sehr schwer
sein mag, einen geistlichen Meister für das Jesus-Gebet zu finden, so ließe sich doch mit
einiger Mühe ein erfahrener Seelsorger finden,
der denjenigen, der das Jesus-Gebet üben
möchte, zumindest auf dem inneren Weg der
Umkehr begleitet und ihm in einer gewissen
Regelmäßigkeit – selbst bei größeren Zeitab-
ständen – ein Beichtgespräch ermöglicht[64].

5. Bücher als Wegweiser

Wir hörten im dritten Kapitel, daß P. Velitschkowskij gerade wegen des Mangels an lebenden Meistern die Schriften der heiligen Väter über das Jesus-Gebet sammeln und übersetzen ließ, um auf diese Weise für seine Zeit
ein Weggeleit anzubieten. So können auch
heute, neben der Heiligen Schrift, die Werke
der Meister des Jesus-Gebetes aus alter und
neuer Zeit eine Hilfe sein. Alle in diesem Buch
genannten Schriften – auch die in den Anmerkungen erwähnten – sind zu empfehlen, wenn
auch vielleicht nicht für jeden, von seinen persönlichen Voraussetzungen her gesehen. So
sollen hier die wichtigsten und dabei nicht zu
schwer erreichbaren Bücher noch einmal zu-
sammengestellt werden. Dazu ist folgende
Vorbemerkung notwendig. Alle diese Bücher
bzw. Artikel wollen langsam und in einem gewissen Zeitabstand wiederholt gelesen sein!
Nur so können sie die ihnen innewohnende

geistige Kraft entfalten. Durch das wiederholte Lesen entdeckt man auch immer wieder etwas Neues, zumal wenn man selbst auf dem inneren Weg ein Stückchen weitergekommen ist.

Das wichtigste einführende Werk bleiben die „Aufrichtigen Erzählungen eines russischen Pilgers" (vgl. Anmerkung 15). Von der darin genannten und auch in diesem Buch erwähnten „Philokalie" gibt es im Deutschen zwei Auswahlbände, die beide auf die französische Auswahl von Jean Gouillard zurückgehen. Die erste ist eine genaue Übersetzung der französischen, zusammen mit deren wertvoller Einleitung (vgl. Anmerkung 21); die zweite eine etwas verkürzte: M. Dietz, Kleine Philokalie (Zürich – Einsiedeln – Köln ²1976). Mag man auch an die deutsche Übersetzung in beiden Ausgaben hier und da Wünsche haben, so sind doch beide, vor allem die erste (im Verlag F. Schöningh, Paderborn, erschienene) überaus nützlich. Die vollständige griechische Ausgabe in fünf Bänden ist zu haben bei der Verlagsbuchhandlung „Astir", Al. u. E. Papadimitriou, Lykourgou 10, Athen: „Philokalia ton ieron niptikon". Eine vollständige englische Ausgabe veranstaltet bekanntlich Bischof Kallistos im Verlag Faber & Faber, London. Zwei Bände sind davon erschienen. Auch von einer französischen Gesamtausgabe sind zwei Bände erschienen: Philocalie des pères Neptiques, Abbaye de Bellefontaine.

Eine gute Wegweisung – besonders für die innere Umkehr und den geistlichen Kampf – ist das an die Valamo-Anthologie sich anschließende Buch von Alla Selawry, Das immerwährende Herzensgebet, München ³1978. Geist und Atmosphäre der „Aufrichtigen Erzählungen" finden sich wieder in dem Bändchen von S. N. Bolšakov, Auf den Höhen des Geistes. Gespräche eines russischen Mönches über das Jesus-Gebet (Wien 1976). Hier sei auch noch einmal auf den „Mönch der Ostkirche" verwiesen, mit seinem Bändchen „Das Jesus-Gebet", das in so außerordentlich schlichter Form die verschiedenen Dimensionen dieses Gebetes für den Anfänger aufzuschließen vermag (vgl. Anmerkung 9). Von ähnlicher Schlichtheit ist das Buch von J.-Y. Leloup „Worte vom Berg Athos", das einen lebendigen Eindruck von der heutigen Spiritualität auf dem Berg Athos vermittelt (vgl. Anmerkung 61). Ebenso der Starez Siluan (vgl. Anmerkung 36).

Alle Namen, die in der ersten und zweiten Phase der geschichtlichen Entwicklung genannt sind, finden sich durch Texte in der „Kleinen Philokalie zum Gebet des Herzens" von Jean Gouillard vertreten. Die Namen der dritten Phase von Nil Sorskij bis Theophan dem Klausner werden alle in dem einzigartigen Buch von Igor Smolitsch „Leben und Lehre der Starzen" (Köln – Olten ²1952) behandelt.

Darüber hinaus sind von den aufgeführten Meistern folgende Werke in deutscher Sprache zugänglich: zu den Makarios-Homilien vgl. Anmerkung 35. Die Briefe von Barsanuphios und Johannes finden sich in Auswahl bei M. Dietz (Hrsg.), Vom Reichtum des Schweigens (Paderborn 1963). „Die Leiter zum Paradies" gibt es deutsch nur in einer alten Ausgabe (Landshut 1934). Die „Zenturie" des Kallistos und Ignatios Xanthopulos gibt es in zwei deutschen Ausgaben: in der von A. M. Ammann, Die Gottesschau im palamitischen Hesychasmus (Würzburg ²1948), und etwas gekürzt bei A. Rosenberg (Hrsg.), Das Herzensgebet (vgl. Anmerkung 39).

Die Schriften des hl. Nil Sorskij finden sich

in dem Buch von Fairy von Lilienfeld „Nil Sorskij und seine Schriften" (Berlin 1963). Von Paisij Velitschkowskij gibt es in deutscher Sprache das Bändchen „Lilien des Feldes. Über die Gebote Gottes und die heiligen Tugenden", übersetzt von Bonifaz Tittel OSB (Wien 1977). Dem gleichen Übersetzer verdanken wir auch die erste vollständige deutsche Ausgabe vom „Gespräch des hl. Seraphim von Sarov über das Ziel des christlichen Lebens" (Wien 1981). Wegen der Wichtigkeit sei hier noch auf eine englische und französische Ausgabe von Texten des Bischof Ignatij Brianchaninov verwiesen: „On the Prayer of Jesus. From the Ascetic Essays of Bishop Ignatius Brianchaninov; translated by Father Lazarus (John M. Watkins, London 1965); und Émile Simonod, La prière de Jesus selon l'évêque Ignace Briantchaninoff (Éditions Présence, Aubards Saint-Vincent-sur-Jabron, 04200 Sisteron).

Von Theophan dem Klausner gibt es eine Auswahl seiner Briefe: N. von Bubnoff (Hrsg.), Russische Frömmigkeit. Briefe eines Starzen (Wiesbaden 1947) und eine Darstellung seines Lebens und seiner Lehre von Georgi Tertyschmikow, Auf dem Wege zu Gott. Leben und

Lehre des Starzen Theophan (St. Benno-Verlag, Leipzig 1978).

Zum Hereinwirken des Starzentums in unser Jahrhundert lese man das aufschlußreiche Buch von A. Selawry, Johannes von Kronstadt. Starez Rußlands (Basel 1981).

Sicherlich werden im Laufe der Zeit noch mehr Texte der Meister des Jesus-Gebetes in deutscher Sprache zugänglich gemacht werden. Mögen alle hier genannten eine Hilfe für diejenigen sein, die gläubig und voll Liebe den Weg des Jesus-Gebetes zu gehen auf sich nehmen.

Anmerkungen

[1] Tito Colliander, The Way of the Ascetics (London 1960) 79, franz.: Le Chemin des Ascètes. Initiation à la vie spirituelle (Abbaye de Bellefontaine 1978) 73.

[2] Zitiert beim Igumen Chariton von Valamo, The Art of Prayer. An Orthodox Anthology, translated by E. Kadloubovsky and E. M. Palmer (London 1966) 63.

[3] Capita 113 (PG 150, 1280A); vgl. Kallistos Ware, The Jesus Prayer in St. Gregory of Sinai, in: Eastern Church Review IV (1972) 8.

[4] Ein Zitat aus Psalm 119,126. In einigen englischen Übersetzungen findet man: „Es ist Zeit, dem Herrn zu opfern", aber die alternative Übersetzung, die wir verwendet haben, ist reicher an Bedeutung und wird von vielen orthodoxen Kommentatoren vorgezogen. Das ursprüngliche Griechisch verwendet das Wort „kairos": „Es ist der kairos für das Handeln des Herrn." „kairos" trägt hier die Bedeutung des entscheidenden Augenblicks, den Augenblick einer Gelegenheit: derjenige, der betet, ergreift den „kairos". Das ist ein Punkt, auf den wir zurückkommen werden.

[5] Die Vorstellung vom Gebet als Entdeckung der Gegenwart Gottes in uns kann gleichermaßen auch in eucharistischen Begriffen ausgedrückt werden.

⁶ Das Jesus-Gebet ist zum Beispiel weder in den Schriften des hl. Simeon des Neuen Theologen noch in der umfassenden Anthologie des Evergetinos erwähnt; beide 11. Jahrhundert.

⁷ Es gab natürlich eine innige Verehrung des heiligen Namens Jesu im mittelalterlichen Westen, nicht zuletzt in England. Wenn diese auch bestimmte Unterschiede zur byzantinischen Tradition des Jesus-Gebetes aufweist, gibt es ebenso offensichtliche Parallelen. Die vorliegende Arbeit unternimmt keinen Versuch, die Anrufung des Namens im Westen zu erörtern; das muß Gegenstand einer zukünftigen Studie bleiben. Eine kurze Behandlung des Themas findet sich bei John A. Goodall, The Invocation of the Name of Jesus in the English XIVth Century Spiritual Writers, in: Chrysostom, vol. III, No. 2 (1972).

⁸ Sie sind sogar in eine der Hauptsprachen des indischen Subkontinentes übersetzt worden, in das Mahratti. Die Einführung zu dieser Übersetzung ist von einem hinduistischen Universitätsprofessor geschrieben worden, der ein Spezialist für die Spiritualität des Namens ist: siehe E. R. Hambye SJ in: Eastern Churches Review V (1973) 77.

⁹ E. Jungclaussen (Hrsg.), Das Jesus-Gebet. Anleitung zur Anrufung des Namens Jesus von einem Mönch der Ostkirche, (Regensburg ³1980) 22.

¹⁰ Hesychia und die zwei Weisen des Betens (PG 150, 1316B)

¹¹ The Art of Prayer 92.

¹² Bruder Lorenz von der Auferstehung (1611 bis 1691), Unbeschuhter Karmelit. Bruder Lorenz, Im

Angesicht Gottes. Aufzeichnungen und Briefe über
das Leben in der Gegenwart Gottes, aus dem Französischen übertragen und eingeleitet von Felix
Braun (Olten 1951) 49, 53.

[13] Zitiert in E. Behr-Sigel, La prière à Jésus ou le
mystère de la Spiritualité monastique orthodoxe, in:
O. Clement, B. Bobrinskoy, E. Behr-Sigel, M. Lot-
Borodine, La douloureuse Joie, Aperçus sur la prière
personnelle de l'Orient chrétien (Abbaye de Bellefontaine 1974) 102.

[14] The Art of Prayer 110.

[15] „Aufrichtige Erzählungen eines russischen Pilgers" (Herder, Freiburg i. Br. [11]1981) 48.

[16] Macarius – Symeon, Homilie B 25, ed. Dörries: in
MS Vatic. gr. 694, 149 r.

[17] Siehe J. Pederson, Israel, Vol. I (London – Kopen-
hagen 1926) 245–259.

[18] Ebd. 256.

[19] Für die Verehrung des Namens unter den mittelalterlichen jüdischen Kabbalisten siehe Gershom
G. Scholem, Die jüdische Mystik in ihren Hauptströ-
mungen (Frankfurt 1967); man vergleiche die Behandlung dieses Themas in der bemerkenswerten
Novelle von Charles Williams „All Hallows Eve"
(London 1945).

[20] „Fragen und Antworten" (griech.), hrsg., von Soti-
rios Schoinas (Volos 1960) 693.

[21] „Leiter" 21 und 27 (PG 88, 945C und 1112C); vgl.
Jean Gouillard (Hrsg.), Kleine Philokalie zum Gebet
des Herzens (Verlag F. Schöningh, Paderborn) 92 u.
94; zitiert als „Gouillard".

[22] Vgl. Kallistos Ware, The Jesus Prayer in St. Gregory of Sinai, a.a.O 14–15.

[23] The Art of Prayer 97.

[24] „Fragen und Antworten", hrsg. von Schoinas, 91.

[25] „Über Buße" 11 (PG 65, 981B). Der griechische Text bei Migne fordert hier eine Verbesserung.

[26] Gouillard, 65.

[27] Gouillard 120.

[28] Gouillard 49.

[29] „Wie der Hesychast durchhalten soll beim Gebet" 7 (PG 150, 1340D).

[30] The Art of Prayer 101.

[31] Ebd. 100.

[32] Sacrement de l'amour. Le mystère conjugal à la lumière de la tradition orthodoxe (Paris 1962) 83.

[33] Richard Kehoe OP, The Scriptures as Word of God, in: The Eastern Churches Quarterly VIII, 1947; Ergänzungsband über „Schrift und Tradition" 78.

[34] Zitiert in John B. Dunlop, Starez Amvrosy: Model for Dostojewsky's „Staretz Zossima" (Belmont/Mass. 1972) 22.

[35] Hom. XV, 32 und XLIII, 7. – Des hl. Makarios des Ägypters fünfzig geistliche Homilien, aus dem Griechischen von D. Stiefenhofer (Bibliothek der Kirchenväter 10) (Kempten – München 1913) 139 u. 310 f.

[36] Der Starez Siluan vom Berg Athos (1866–1938) übte nur drei Wochen das Jesus-Gebet, bevor es in sein Herz hinabstieg und dort zum ununterbrochenen Gebet wurde. Sein Biograph, Archimandrit

Sophronius, hebt mit Recht hervor, daß dies ein „höchst bemerkenswertes und seltenes Geschenk" war; vgl. Archimandrit Sophronius, Starez Siluan, Mönch vom Berg Athos, Bd. 1: Sein Leben und seine Lehre (Düsseldorf ²1980); S. 22; Bd. 2: Die Schriften (Düsseldorf ²1981). Zur weiteren Erörterung dieser Frage siehe Kallistos Ware, „Beten ohne Unterlaß": Das Ideal des immerwährenden Gebetes im östlichen Mönchtum (engl.), in: Eastern Churches Review II (1969) 259–261.

[37] Gouillard 88.

[38] „Elija stieg zur Höhe des Karmel empor, kauerte sich auf den Boden nieder und legte seinen Kopf zwischen die Knie" (1 Kön 18, 42). Bezüglich der Illustration eines Mönches, der in dieser Haltung betet, entnommen einer griechischen Handschrift des 11. Jh., vgl. J. Meyendorff, St. Gregoire Palamas et la mystique orthodoxe (Paris 1959) 92.

[39] Weitere Literaturangaben über die Atemkontrolle siehe bei Kallistos Ware, The Jesus Prayer in St. Gregory of Sinai, a.a.O. 14, Anm. 55. Über die verschiedenen Körperzentren des Menschen und deren spirituelle Wechselwirkungen siehe André Bloom (jetzt Metropolit Anthony von Surozh), Kontemplation und Askese im Hesychasmus, in: A. Rosenberg (Hrsg.), Das Herzensgebet. Mystik und Yoga der Ostkirche (München-Planegg 1955) 9–29.

[40] Gouillard 206 ff.

[41] The Arena. An Offering to Contemporary Monasticism, übersetzt von Archimandrit Lazarus (Ma-

dras 1970) 84 (Übersetzung leicht verändert), französ. Ausgabe: Le Miettes du Festin, Introduction à la tradition ascétique de l'Eglise d'Orient (Sisteron 1978) 106 f.

[42] Ebd. 81, französ. Ausgabe 102.

[43] Vgl. L. Gardet, Un problème de mystique comparée: la mention du nom divin (dhikr) dans la mystique musulmane, in: Revue Thomiste LII (1952) 642–679, LIII (1953) 197–216.

[44] The Orthodox Church (London 1935) 170 (Übersetzung geändert).

[45] Mystic Treatises, ubers. von Wensinck, 211–212.

[46] Triades pour la défense des saints hésychastes (franz./griech.) I/III 21, hrsg. von J. Meyendorff, (Louvain 1954) Bd. I, 157.

[47] „Aufrichtige Erzählungen eines russischen Pilgers" 50 und 59.

[48] The Orthodox Church 171.

[49] „Aufrichtige Erzählungen eines russischen Pilgers" 37 und 38.

[50] The Prayer of Jesus, in: Blackfriars XXIII (1942) 76.

[51] Tito Colliander, The Way of the Ascetics 71.

[52] Bei der Profeß eines Mönches ist es sowohl in der griechischen wie auch in der russischen Praxis üblich, ihm eine Gebetsschnur (komvoschoinion) zu geben. Nach russischem Gebrauch spricht der Abt bei der Überreichung die folgenden Worte: „Nimm, Bruder, das Schwert des Geistes, welches das Wort Gottes ist, für das immerwährende Jesus-Gebet; denn immer mußt du den Namen des Herrn Jesus im

Geist, im Herzen und auf den Lippen haben, indem du ständig sprichst: ,Herr Jesus Christus, Sohn Gottes, erbarme dich über mich Sünder!'" – Vgl. N. F. Robinson SSJE, Monasticism in the Orthodox Churches (London – Milwaukee 1916) 159–160. Man bemerke die übliche Unterscheidung der drei Ebenen des Gebetes: Lippen, Geist, Herz.

[53] Sri Ramakrishna, Worte des Meisters (Zürich 1949) 101 und 65 vgl. auch Ramakrishna, Leben und Gleichnis, München 1975, 61 f und 78 f.

[54] H. Le Saux, Die Gegenwart Gottes erfahren (Mainz 1980) 83–93; vgl. auch die Ausführungen von J. A. Cuttat über „Die einholende Aufnahme der außer-christlichen Wege durch das Jesus-Gebet" in seinem Buch „Asiatische Gottheit – christlicher Gott" (Einsiedeln o.J.) 211 ff. u. 255 ff. – Eine Art praktischer Synthese der verschiedenen Wege unter Voranstellung des christlichen Herzensgebetes versucht S. Scharf, Das große Buch der Herzensmeditation (Freiburg i. Br. 1979).

[55] Über die ersten Entwicklungen, die später zum Jesus-Gebet führten, orientiert mit reichhaltiger Literaturangabe R. Scherschel „Das Rosenkranzgebet – das Jesusgebet des Westens" (Freiburg i. Br. 1979) 15–44.

[56] Zur Hesychia vgl. die wichtige Arbeit von Kallistos Ware „Schweigen im Gebet. Was Hesychia bedeutet", in: Erbe und Auftrag. Benediktinische Monatsschrift 51 (1975) 427–447.

[57] Gregor von Nyssa, Drei asketische Schriften: Über das Wesen des christlichen Bekenntnisses;

Über die Vollkommenheit; Über die Jungfräulichkeit, eingel., übers. und mit Anmerkungen versehen von W. Blum, Bibliothek der griechischen Literatur Bd. 7 (Stuttgart 1977) 65 ff.

[58] Vgl. Anm. 41 (franz. Ausgabe 22).

[59] „Aufrichtige Erzählungen eines russischen Pilgers", 175 ff: Belehrung „über das Christenleben, welches im Gebet beschlossen liegt".

[60] Zur Symbolik des „anderen Ufers" vgl. H. Le Saux, Der Weg zum anderen Ufer (Düsseldorf – Köln 1980) 25–33.

[61] J.-Y. Leloup, Worte vom Berg Athos, Die Spiritualität der Mönche vom Berg Athos (München 1981) 96 ff.

[62] Vgl. die Ausführungen Cuttats über „Die vorbewußten Dimensionen der Reue" in: „Asiatische Gottheit – christlicher Gott" 173–176.

[63] „Aufrichtige Erzählungen eines russischen Pilgers" 151 ff.

[64] Über die Rolle des Beichtvaters vgl. die inhaltsreichen Ausführungen von Dumitru Staniloae „Das Bußsakrament als geistliches Ereignis", in: E. Chr. Suttner, Buße und Beichte. Drittes Regensburger Ökumenisches Symposion (Regensburg 1972).

Bücher von Emmanuel Jungclaussen
im Verlag Herder:

AUFRICHTIGE ERZÄHLUNGEN EINES
RUSSISCHEN PILGERS
11. Auflage, 238 Seiten, kartoniert.
ISBN 3-451-17088-4

DER MEISTER IN DIR
Entdeckung der inneren Welt nach Johannes Tauler
5. Auflage, 144 Seiten, kartoniert.
ISBN 3-451-17333-6

BETEN MIT FRANZ VON ASSISI
6. Auflage, 128 Seiten, kartoniert.
ISBN 3-451-17681-5

DIE FÜLLE ERFAHREN
Tage der Stille mit Franz von Assisi
3. Auflage, 124 Seiten mit 12 Farbtafeln, kartoniert.
ISBN 3-451-18267-X

WORTE DER WEISUNG
Die Regel des heiligen Benedikt als Einführung ins
geistliche Leben
2. Auflage, 128 Seiten, kartoniert.
ISBN 3-451-18971-2